DER SCHATTEN MEINES LEBENS

Markus Engfer

Über dieses Buch:
Eindrucksvoll lässt uns Markus Engfer an seiner Gedankenwelt teilhaben. Wie er sich als Geistigbehinderter mit seiner eigenen Kindheitsgeschichte, seinen Erlebnissen und Schwierigkeiten auseinander setzt. Damit eröffnet er uns tiefe Einblicke, die uns sonst oft verschlossen bleiben. Detailliert und offen erzählt er, was ihn bewegt hat und wie er ein wenig seine eigene Seele befreien lernte.

Am Originaltext wurden lediglich Korrekturen in der Grammatik und der Rechtschreibung vorgenommen.

DER SCHATTEN MEINES LEBENS

Markus
Engfer

pasculla verlag Köln

Autor: Markus Engfer
Er lebt in einer eigenen Wohnung in Westfalen, unterstützt im ambulanten Wohnen durch einen sozialen Dienst. Derzeit ist er zwanzig Jahre alt und befindet sich zur beruflichen Findung in einer Werkstatt für behinderte Menschen. Vor nicht langer Zeit entdeckte er seine Leidenschaft für das Schreiben. Dadurch begann er sich seine Leiden regelrecht von der Seele zu schreiben, die ihn schon früh im Leben begleiteten.

Rückmeldungen gerne an autor.markus@web.de

ISBN 978-3-9813815-2-8
1. Auflage Köln 2012
© pasculla verlag Köln
Umschlagentwurf/gestaltung:
Markus Engfer/Ursula d'Almeida-Deupmann
Fotos: Markus Engfer

Druck: Druckverlag Jürgens Hamburg
Printed in Germany

Wenn man einen Menschen verstehen und kennenlernen möchte, folge dem schweren Weg. Wie schwer der Weg sein wird, kann dir niemand sagen.

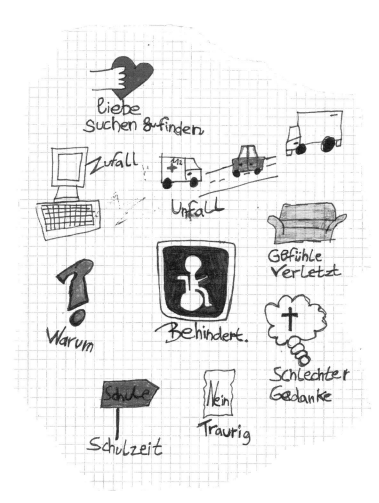

Inhalt

Vorwort   15

Traurig zum Erfolg   21

Diagnose und andere Probleme   27

Ich bin behindert   31

Unfall   39

Sexueller Missbrauch   47

Depressionen   53

Wohin mit der Liebe   65

Schule   73

Das Interesse eines Menschen   83

Meine Praktikantin   91

Mein letztes Schuljahr   97

Sommerferien   105

Reisen   113

Ein schlechter Mensch   129

Selbstständig   135

Meine eigene Wohnung   143

Arbeitswelt   153

Schreiben   159

Inklusion   169

Danke   175

Worte zum Schluss   187

Epilog   193

Begleitwort   199

Vorwort

„Wünsche werden wahr, wenn man fest daran glaubt."

So hat man die Kinder aufgemuntert, wenn dieses Mal kein Wunsch in Erfüllung ging.

Wenn man mir das früher gesagt hätte, ich hätte es nicht geglaubt. Denn ich hatte viele Wünsche, große und unerfüllbare. Einer meiner größten Wünsche war, einen eigenen Computer zu haben.

„Ein richtiger Autor braucht einen eigenen Computer." dachte ich mir. Seit meine älteste Schwester in ihrem Zimmer ihren eigenen Computer stehen hatte, wollte ich auch einen haben. Doch immer wieder hörte ich von meiner Mutter „Du bist noch zu klein." Dabei war es wirklich mein Wunsch.

Jahre später zu meinem neunzehnten Geburtstag habe ich dann einen Laptop bekommen. Dies machte mich glücklich, und ich meinte, dass es das Schreiben noch einfacher machte.

Also, dies ist meine Autobiografie.

Aus meinen Tagen oder Momenten schrieb ich meine Geschichten oder meine Gedanken zu den Kapiteln. Dieses Buch erzählt von meinen Geschichten, wo ich geweint habe oder frustriert war. Wo ich Schicksale erleben musste oder mit meinen Gedanken am Ende war. Ich hatte mich schon gefragt: Was würde sein, wenn ich tot wäre?"

Es berührte mich selbst, was ich schon erlebt habe und erleben musste. Ich rede vom eigentlich verbotenen *Selbstmitleid*. Manche Menschen meinen, man dürfe kein Mitleid mit sich selbst haben. Doch ich war ein trauriger Mensch und dachte, mit Selbstmitleid ginge es mir besser.

In meiner Freizeit lese ich keine Romane oder Bücher. Also hatte ich eigentlich keine Ahnung, wie man ein eigenes Buch schreiben sollte. Ich guckte mir Sachbücher oder Wissensbücher an. Darin habe ich mich hier und da wieder gefunden oder Neues erfahren.

Jetzt ist es fertig. Mein Buch. Ich bin sehr stolz und freue mich sehr.

Suche jemand, der mich mag,
auch am schlechten Tag,
am guten Tag wie heut
und es nicht gleich bereut.

Suche das Vertrauen auf der Welt,
jemand, der zu mir hält
in guter und schlechter Zeit
mit oder ohne ein kleines Mitleid.

Suche die Freude am Leben,
das würde mir immer geben.
Doch von sich aus glücklich sein,
da sage ich manchmal lieber nein.

Suche im Leben eine besondere Zeit,
die mit voller Zufriedenheit.
Die Zeit, die ich noch einmal erleben will,
diese Gedanken sind ziemlich still.

Suche am Horizont etwas Mut,
denn es geht mir gar nicht gut.
Und ein bisschen Selbstvertrauen,
denn ich könnte mich verhauen.

Suche ein Lächeln auf meinem Gesicht,
aber irgendwie finde ich es nicht.
Stehe vor Spiegel mit dem Gesicht und Bauch,
meine Vergangenheit sieht man auch.

Traurig zum Erfolg

Es ist schon nach zweiundzwanzig Uhr, und ich liege in meinem Bett. Ich kann die Augen nicht zu machen und wieder nicht einschlafen. Morgen muss ich wieder früh für die Schule aufstehen. Morgen werde ich wieder von den Mitschülern hören, dass ich nicht schlafen soll. Oder ich werde von denen geschlagen oder getreten. Vielleicht sagen sie auch „Schlafmütze" oder „Penntüte" zu mir. Mein Kopf denkt nach, und ich werde traurig.

Ich weiß, es ist falsch jetzt nach zu denken, aber ich mache es trotzdem. Am Abend habe ich mehr Ruhe als in der Schule. Ich denke über das Leben von Anderen nach. Denn es gibt Menschen, die vielleicht wirklich traurig sind. Menschen, die bei Krieg ihre Familie verloren haben. Jetzt nichts zu essen oder überhaupt keine Unterkunft haben.

Menschen, die als kleines Kind am Straßenrand gefunden wurden. Ohne Eltern auf der Welt zurecht kommen müssen. Im Waisenheim oder irgendwo anderes.

Menschen, die schon früh gestorben sind. Vielleicht hatten sie zeitweise Erfolg, doch mit einem Schicksal änderte sich ihr Leben.

In Gedanken hatte ich gemeint, dass zwei Wege zum Erfolg führen. Der eine Weg war, ein Lied zu singen. Ein Lied zu schreiben, welches viele mögen und immer wieder hören wollen. Dann habe ich irgendwann einmal angefangen, meine Gedanken aufzuschreiben. Es sollte ein nachdenkliches Lied werden. So schrieb ich drauf los.

Doch beim Gesang scheiterte mein Weg. Ich konnte nicht singen und hatte wohlmöglich eine schlechte Stimme. Ich beendete den Weg und schmiss den Text weg. Eine Woche später holte ich ihn wieder raus und schrieb etwas weiter. So etwas wie eine kleine Geschichte über mich. Ein paar Tage später lag ein Buch von meiner Tante vor meinen Augen. Sie hatte ihre Kinderzeit in einem Buch niedergeschrieben. Erst war ich sehr überrascht, doch dann blätterte ich in dem Buch herum.
Und plötzlich hatte ich eine Idee. Ich schrieb den Text, der eigentlich ein Lied war, erneut. Ich schrieb eine Geschichte auf, die mir mal

passiert war. Außerdem hatte ich viele Gedanken, die wollte ich auch aufschreiben. Ich schrieb den Text vor mich hin und fühlte mich gut.

Diagnose und andere Probleme

Es war nicht leicht, den Anfang einer eigenen Biografie zu schreiben. Ich hatte viele Gedanken und Erinnerungen, wie ich anfangen sollte. Ich hatte in Bücher geschaut und das Internet gefragt. Plötzlich kam mir ein Gedanke. Der Gedanke war leicht, denn es ging um eine Schwangerschaft.

In der Schwangerschaft meiner Mutter hatte sie vorzeitige Wehen. Mein Herz hörte teilweise dabei auf zu schlagen. Die Geburt verlief normal, doch ich war unreif. Als ich drei Wochen alt war, hatte ich einen eingeklemmten Leistenbruch. Ich lag einige Tage auf einer Intensivstation, denn es ging mir sehr schlecht.

Als ich es später hörte, hatte ich mir viele Gedanken gemacht. In meinem jetzigen Alter weiß ich, dass ich hätte sterben können. Denn ein Leistenbruch ist nicht ganz ungefährlich. Natürlich ist es schön zu wissen, dass ich überlebt hatte. Doch auf der anderen Seite fühlte ich mich merkwürdig, weil ich verstanden hatte, dass man schon in jungen Jahren sterben kann. Wenn man nicht überlebt hatte wie ich oder andere behinderte Kinder. Ein großes Glück, dass ich überlebt habe.

Mit vier Monaten hatte ich eine Lungenentzündung, die nur schwierig zu behandeln gewesen war. Ich weinte viel und brach oft den Brei aus. Als meine Mutter mit mir den Kinderarzt wechselte, war alles anders. Die neue Ärztin meinte, ich wäre nicht ganz normal. Sie schlug vor, mit mir zur Frühförderung zu gehen.

Mit zwei Jahren brach nach einer Impfung die Neurodermitis aus. Ich musste so was wie eine Diät machen. Auf viele Lebensmittel musste ich lange verzichten. Von den Hauptlebensmitteln durfte ich keine Milch trinken. Für mich gab es eine besondere, die aus Soja war. Diese Milch schmeckte mir auch, doch durfte ich viele leckere Speisen nicht essen. Denn die waren mit der normalen Milch gemacht.

Später war ich oft traurig darüber, dass ich nicht wie ein normaler Mensch essen durfte.

Neurodermitis wirkt sich nicht nur beim Essen aus, sondern auch auf die Haut. Meine Haut hat ständig gejuckt, besonders wenn ich zulange in der Sonne war. Bei heißen Sonnentagen blieb ich drinnen und freute mich, wenn es regnete. In jungen Jahren war meine Haut deshalb rot und sehr rau. Der Druck, nicht zu kratzen, war unangenehm, und ich weinte viel. Damals meinte ich, Hautprobleme sind die Schlimmsten.

Als es etwas besser wurde, bekam ich Bronchien-Beschwerden. Ich hatte Asthma bekommen und war vier Jahre alt.

Denn ich habe öfters schwer Luft bekommen. Ich atmete tief ein und aus, doch es ging nicht richtig. Meine Meinung, was am schlimmsten ist, änderte sich. Keine Luft zu kriegen war noch schlimmer.

Ich entwickelte mich insgesamt nicht so gut. Dafür bekam ich die Frühförderung. Es folgte der Besuch einer integrativen Gruppe in einem Kindergarten. Danach besuchte ich drei verschiedene Förderschulen.

Mit zwölf Jahren ging ich zur Kur. Auf eine Nordseeinsel. Die Sechswochenkur war für mich traurig. In der Zeit verzweifelte ich, ich weinte und wollte nach Hause. Doch heute in meinem jetzigen Alter würde ich sagen, es war gesundheitlich gut. Es hat mir geholfen. Jetzt habe ich nicht mehr so schlimm Asthma.

Ich bin behindert

Wie viel Stolz darf man als Behinderter haben?

Ein trauriger Mensch.

Warum?

Eine Behinderung.

Mich störte meine Behinderung, obwohl ich nicht genau wusste, was meine ist. Eigentlich könnte ich glücklich sein, denn ich sehe wirklich nicht behindert aus.

Zu meiner Behinderung kann ich sagen, dass ich eine psychische Einschränkung habe Außerdem eine geistige Behinderung und eine Lernschwäche. Es gab sicher Tage, wo ich mich mit anderen verglichen habe.

Denn für einen Förderschüler war ich gut, nur für einen Hauptschüler schlecht. Ich konnte die großen Matheanwendungen nicht rechnen, doch es lag daran, dass ich auf meiner zweiten Schule zu schlecht und frustriert war.

An manchen Tagen wollte ich mir meine Behinderung nicht eingestehen. Manchmal jedoch wollte ich, dass die ganze Welt erfuhr, dass ich behindert bin. Dann müssten sie mich nicht so dumm an schauen, meinte ich.

Ich habe Fähigkeiten, die manche Behinderte sich wünschen würden. Ich kann rechnen, lesen und auch schreiben. Eben nicht so gut und schnell wie ein Hauptschüler, aber ich sehe mich zu diesem Zeitpunkt sehr zufrieden mit mir selbst. Ich bin ja auch fast ganz normal.

„Normal" in dem Sinne von Menschen ohne eine Behinderung.

„Wenn ich dich so ansehe, siehst du gar nicht so behindert aus" habe ich schon mal als Kompliment bekommen.

Dieses Kompliment bekommt man nicht oft, darum sollte man vielleicht etwas glücklich oder stolz sein. Doch bei mir gab es die Traurigkeit und auch etwas von der Angst in mir. Hin und wieder bin ich traurig darüber, dass ich behindert bin.

Denn behindert zu sein ist manchmal nicht schön in unserer Gesellschaft. Die Gesellschaft hat zwei Gruppen, bin ich der Meinung.

Die eine Gruppe ist froh, wenn ihnen kein Behinderter über den Weg läuft. Denn sie lachen die Behinderten aus und finden, sie sollen zu Hause bleiben. Sich verstecken oder nicht mal zur Schule gehen.

Die zweite Gruppe ist etwas nachdenklicher. Sind behindertenfreundlich oder sozial eingestellt. Vielleicht haben sie einfach ein gutes Gefühl, wenn ihnen behinderte Menschen begegnen. Sie gucken vielleicht Behinderte nicht dumm an, und damit helfen sie schon.

Diese Gruppe aus der Gesellschaft redet von „Menschen mit Handicap". Es bedeutet „Menschen mit Behinderung". Ein Handicap ist, etwas nicht zu können. Einer, der eine Brille trägt, hat das Handicap, nicht so gut zu sehen. Das ist sein Handicap, und es gibt viele andere Handicaps oder Behinderungen. Doch sind wir mal ehrlich, haben wir nicht alle ein Handicap?

Oft fahre ich mit einem öffentlichen Verkehrsmittel. Oft bekomme ich dann Begebenheiten mit. Zwei davon habe ich aufgeschrieben. Das erste Ereignis geht über die junge Gesellschaft, die sich cool fühlen, wenn sie etwas Unnormales machen. Zumindest finde ich es unnormal.

Es ist ein Tag wie jeder auch.

Ich steige in den Bus ein. Um mitfahren zu können, zeige ich meinen Behindertenausweis vor. Der Busfahrer nickt mich an, und ich suche mir einen Platz. Ich stelle fest, dass ich fast der einzige bin. In der Mitte des Busses sehe ich eine alte Dame. Ganz hinten in der letzen Reihe sitzt ein junges Paar. Ich setze mich gegenüber von drei Jungen. Auf der Fahrt unterhalten sich die Jungen.

Plötzlich macht der eine Junge eine Aussage.

„Ich bin behindert" stottert er, obwohl er nach meiner Meinung nicht behindert ist. Und er tippt mit dem Finger an die Wand statt auf den Stoppknopf. Die anderen Jungen machen ihn nach und lachen dabei. Sie meinen sicherlich, dass Behinderte nicht in der Lage sind, den Stoppknopf zu drücken.

In diesem Moment überlege ich, ob es an mir gelegen hat. Ob die Jungen das wegen mir gemacht haben? Denn der eine Junge hat bestimmt meinen Ausweis gesehen, den ich dem Busfahrer vorgezeigt habe. Ich überlege weiter, ob ich mir das nächste Mal eine

Fahrkarte kaufen sollte, damit es nicht so auffällt, dass ich behindert bin.

Denn ich glaube, manche Menschen werden eher akzeptiert, wenn sie eine Fahrkarte vorzeigen können statt ihren Behindertenausweis.

Ich habe auch manchmal Angst gehabt, als ich noch zur Schule ging.

Ich hatte gehört, dass Adolf Hitler die Macht hatte und alle Behinderten umbringen wollte. Auch viele Menschen wurden umgebracht, die eine andere Glaubensrichtung hatten.

„Ist das nicht schrecklich, in dem Land zu wohnen, wo man früher umgebracht wurde?" fragte ich mich. Doch die anderen in der Klasse störte es nicht, dass Behinderte damals umgebracht wurden. Ich fand es vielleicht als einziger in der Klasse traurig und war ängstlich.

Heute ist alles vorbei und wenig erinnert noch daran, wie es früher gewesen ist. Trotzdem macht es mich ab und zu unglücklich behindert zu sein. Manchmal zweifele ich selbst an mir.

Nach zwei Monaten hatte ich ein neues Ereignis.

Ich komme vom Sport und fahre mit dem Bus nach Hause. Mit einem traurigen und niedergeschlagenen Gesichtsausdruck setze ich mich auf den nächsten Platz. Ich mache etwas die Augen zu und merke, wie ich schwitze. Ich rieche etwas unangenehm. Plötzlich reiße ich die Augen wieder auf.

Denn ein junger Mann mit Krawatte fragt mich, ob neben mir der Platz frei sei.

„Ja" sage ich und er setzt sich neben mich. So fahren wir fünfzehn Minuten zusammen Bus, bis ich aussteige. Als ich von der Bushaltestelle nach Hause gehe, denke ich an den Augenblick noch mal zurück.

„Wenn Sie neben einem schwitzenden, schlecht riechenden und behinderten Jungen sitzen wollen" hätte ich eigentlich auch sagen können.

Schließlich waren ja noch andere Plätze frei gewesen. Denn er hätte einen besseren Sitznachbarn verdient. Der nicht behindert war.

Manche andere Behinderte würden anders reagieren.

Doch in solchen Momenten bin ich so traurig über mich selbst. Manchmal würde ich gern anders sein.

Jeder Mensch mit einer Behinderung geht etwas anders damit um. Einige sind es, doch zeigen sie es nicht. Ziehen sich cool an und denken nicht daran, dass sie behindert sind. Dann sind sie zufrieden und zeigen ihren Stolz. Ihre Macht vom Körper bis zu Ausdrücken wie „Ey, bist du behindert?". Oft begegne ich solchen Menschen und frage mich „Wie viel Stolz darf man als Behinderter haben?"

Stolz ist sehr wichtig, und jeder Mensch sollte stolz sein dürfen. Meine Meinung ist, man sollte nicht jeden Tag nach Stolz streben. Doch stolz ist man sicher, wenn man etwas Besonderes geschafft hat.

Früher, als ich neun Jahre gewesen war, meinte ich Stolz und Glück zu besitzen. Auch wenn ich früher nicht genau wusste, was es überhaupt war. Ich hatte Freunde, dies machte mich stolz. Doch später kamen die Tage, an denen ich traurig gemacht worden war und sich dieses Bewusstsein änderte.

Unfall

Mein erstes richtiges Schicksal erlebte ich mit neun Jahren. Ich ging in eine Schule für Sprachbehinderte und war jetzt ungefähr zwei Jahre schon hingegangen. Eigentlich gerne, trotz mancher Probleme, die ich hatte. Ich hatte Freunde gefunden.

Diese Geschichte geht um einen Freund, was ich mit ihm mal erlebt habe. Meine Mutter und eine wissensreiche Person meinten, ich sollte den Namen meines Freundes umbenennen. Das machte ich auch und nenne ihn hier „Roland".

Es war der Tag, einer der besonderen. Nicht nur wegen das Schicksals, denn mein Freund hatte Geburtstag. Mein Freund hieß Roland und wohnte in einer Wohnung eines Hochhauses im siebten Stock. Als ich da war, stellte ich fest, dass niemand von unseren Mitschülern mitfeierten. Ich überlegte nicht, ob es gut oder schlecht war, denn es gab viel zu essen und zu trinken.

Ich aß Süßigkeiten, und wir spielten etwas mit dem Kinderspielzeug. Das machte viel Spaß, doch dann war mir etwas schlecht. Wohlmöglich aß ich zu viele Süßigkeiten und trank zuviel Cola. Dann gingen wir nach draußen an die frische Luft.

Als ich draußen war, atmete ich erstmal tief ein und aus. Wir sind auf einen Spielplatz gegangen. Ich setze mich auf eine Bank. Inzwischen war Roland auf einem Klettergerüst. Ich hielt meinen Kopf fest, und mir war etwas schwarz vor Augen. Ungefähr zehn Minuten sind wir auf Bürgersteige, kleine Waldwege und den Rasen eines Fußballfeldes gegangen. Wir gingen praktisch einmal um einen Kreis, aber mir machte es nichts. Hauptsache war die frische Luft.

Als ich das Haus wieder sah, habe ich gedacht, dass es mir wieder gut geht. Der letzte Weg zur seiner Wohnung war über eine Hauptstraße. Wir standen vor der Hauptstraße. Roland hatte es auf einmal so eilig, und ich dachte, er müsste auf die Toilette. Ich bemerkte es erst, als ich ihn an meiner Seite nicht mehr sah. Er stand nicht mehr da.

Ich habe kurz einen Blick nach rechts und links geworfen und bin über die Straße gegangen. Doch ich konnte kein richtiges Auto sehen, bei mir drehte sich noch alles. Und plötzlich kam ein Auto. Als ich wieder zu mir kam, war ich im Auto des Fahrers. Ich weinte und der Fahrer tröstete mich. Und er fragte mich, wo denn meine Mutter sei.

„Ich weiß es nicht." sagte ich ihm mit einer gedankenverlorenen Stimme

Zeitgleich, ohne es zu wissen, kam meine Mutter, die den Krankenwagen schon von weitem sah. Sie ist gleich mit mir ins Krankenhaus mitgefahren. Denn ich bin mit einer Gehirnerschütterung ins Krankenhaus gekommen. Ich musste eine Woche lang im Krankenhaus bleiben und viele Medikamente nehmen. Als ich versuchte, was zu essen und zu trinken, kam es mir wieder hoch.

In der Woche kam Roland mich nicht besuchen. Nachdem ich mich ungefähr zwei Wochen zuhause erholt hatte, ging es mir schon ein bisschen besser. Ich war so fit, dass ich wieder zur Schule gehen konnte. In der Schule war der Unfall nicht mehr wichtig.

Roland redete nicht mehr mit mir, und ich wollte ihn gerne darauf ansprechen, doch ich konnte nicht. Ich stand noch etwas unter Schock, als ich Roland zum ersten Mal wieder gesehen habe. Es schien mir so, als wäre ihm die Freundschaft egal. Später habe ich die Schulzeit dort beendet und bin auf eine andere Schule gekommen, denn ich lernte nicht so gut wie die anderen. In dieser Zeit sah ich Roland zum letzten Mal.

Denn nach dem Schulwechsel habe ich andere Freunde gefunden. So dass ich Roland und meine anderen Freunde vergaß.

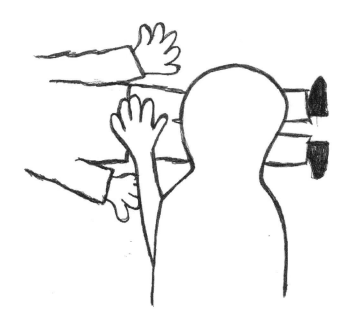

Sexueller Missbrauch

Ein sexueller Missbrauch ist kein leichtes Thema, worüber man schreiben kann. Denn es ist mit einen Tabu zugedeckt. Niemand will gerne oft darüber reden. Offiziell sind mehr Mädchen oder Frauen betroffen als Jungen und Männer. Die Ursache hat viele Gründe und Hintergedanken.

Mit dreizehn Jahren erlebte ich das sehr traurige Schicksal. Es ist eine Straftat. Das weiß ich heute, damals noch nicht. Es war ein sexueller Missbrauch. Das habe ich erst nach einigen Jahren erfahren.

Denn die ersten Jahre ging ich davon aus, dass es Neugier war. Neugier bei Jungen, wie der andere sich entwickelt.

Doch ein Missbrauch ist vielseitig und kann in viele Richtungen gehen. Eigentlich geht er für die Opfer immer in dieselbe Richtung. Das Opfer vom Missbrauch wird mit seinen Gefühlen so verletzt, dass es oft psychisch behandelt werden muss. Wenn es sich nicht selbst schon aufgeben hat. Denn ein

Missbrauch löst viel in den Menschen im Gehirn und in der Seele aus. Das weiß ich aus eigener Erfahrung. Ich erinnere mich noch gut daran. An den Tag, als es passierte und wie es gekommen ist.

Mit zehn Jahren wechselte ich die Schule. Anfangs war es schwer sich einzufinden. Doch nach zwei Jahren änderte sich das etwas. Ich hatte zwar Probleme und Ängste, doch ich war zufrieden. Ich hatte wieder Freunde kennen gelernt.

Einer von denen fuhr mit mir im Taxi. Die Fahrt zur Schule war immer etwas lang. Mich machte das traurig. Doch im Taxi spielten wir immer etwas. Ich nahm mal ein Kartenspiel mit, und wir spielten es.

Er freute sich, und wir spielten mehrmals hintereinander. In der Schule machten wir eigentlich kaum etwas miteinander, denn er war zwei Jahre älter als ich, doch im Taxi hatten wir Spaß. So fragte er mich mal, ob ich zu ihm fahren wollte. Ich überlegte ein wenig, weil ich noch nie bei ihm war. Doch ich sagte zu.

Mit dem Fahrrad bin ich gleich zu ihm gefahren, und ich habe mich gefreut. Etwas schneller als sonst fuhr ich zu ihm. Als ich bei ihm war, hat er mir was zu trinken angeboten. Ich trank einen Schluck und guckte ihn an. Dann meinte er, er hätte ein neues Spiel. Er erklärte mir, was ich machen sollte.

Er sagte zu mir „Zuerst ziehst du deinen Pullover aus." Ich habe nicht darüber nachgedacht und habe es gemacht. Danach sollte ich mich auf das Sofa legen und die Augen zu machen. Da guckte ich etwas misstrauisch, doch ich machte es. Ich merkte seinen Atem, wie er zu mir kam.

Dann seine Hand, er schob sie unter meine Hose. Er zog etwas am meiner Unterhose und griff an mein Geschlechtsteil. Ich schluckte schwer und presste meine Lippen zusammen. Er tastete darauf herum. Als er vorsichtig wieder seine Hand von meiner Hose löste, war ich wie wach gerüttelt. Ich riss die Augen auf und fuhr rasch nach Hause.

Völlig gestört und etwas verzweifelt, doch ich wusste nicht, was ich machen sollte. Der Weg war unendlich lang, kam mir so vor. Als ich dann an gekommen bin, war meine Mutter nicht da. Ich legte mich in mein Bett und dachte etwas darüber nach. Doch dann schlief ich ein und hatte nicht mehr gedacht.

Als meine Mutter da war, habe ich nichts gesagt. Ich hatte es verschweigen.

Mit etwas Angst stieg ich am nächsten Tag ins Taxi ein. Ich saß neben ihm und habe mich nicht getraut, etwas zu sagen. Schließlich nach paar Tagen war wieder der Spaß da.

Und irgendwann nachmittags im Taxi griff er mir wieder unter die Hose. Ich versuchte mich umzudrehen, doch es half nichts. Ich wollte mich auf die andere Seite drehen. Er machte es trotzdem. Und seitdem machte er es dann öfter mal im Taxi während der Fahrt.

Ich hatte so eine Wut auf ihn und auf mich selbst. Weil ich mich nicht ernsthaft wehren konnte. So hatte ich immer etwas Schuldgefühle und sagte es niemanden. Ich verschwieg es fast zwei Jahre.

Meine Mutter hat es trotzdem erfahren, weil mein anderer Freund auch sein Opfer wurde. Wir waren zusammen mal zu dem Jungen gefahren, der mich missbrauchte. Er war neugierig, was das für ein Spiel war.

Mein anderer Freund hat es dann zuhause erzählt. Und seine Mutter rief meine Mutter an. Meine Mutter war geschockt.

Nun kam die ganze Geschichte raus, auch die Lehrer wurden informiert. Trotzdem machte der Junge im Taxi weiter. Erst als ich die Schule wechselte, hörte es auf.

In den Jahren war ich immer etwas traurig. Doch niemand hatte meine Traurigkeit mit bekommen. Ich weinte nachts, wenn alle schliefen.

In der Schule machte ich gerade eine Phase durch, die schwer war. Ich konnte nicht richtig lernen und es war zu schwierig für mich. Ich verzweifelte, und mir war alles egal. Was mit mir geschah und was ich machte. Dann nach insgesamt vier Schuljahren wechselte ich die Schule. Schon wieder, und ich war wirklich traurig und verzweifelt.

Doch der Missbrauch blieb in meinem Kopf und meiner Seele. Ich hatte oft von Missbrauch gehört. In Medien wie Fernsehen und Radio. Ich habe mich mit denen verglichen. Ich machte die Augen zu und hatte das Gefühl wieder, wie er seine Hand unter meine Hose schob.

Ich dachte an die Menschen, die das Wort Missbrauch mit Angst verbinden, wenn sie nur dran denken. Sie bekommen Angst und trauen sich nicht mehr auf die Straße. Weil ihnen noch schlimmeres passiert ist als mir. Und die Täter sind oft Nachbarn oder Bekannte.

Das macht mich traurig, denn das ist wirklich schlimm. Und oft ist es bei Männern zutreffend, die die Täter sind.

Ich wusste, ich wurde selber ein Mann. Das schockierte mich, denn ich bekam Angst, selbst so werden zu können.

Der Missbrauch hatte mich sehr verändert. Ich war trauriger geworden und bekam eine Gänsehaut, wenn ich daran dachte.

Depressionen

Mit sechzehn Jahren hatte ich wieder die Schule gewechselt. Nun war es eine Schule für Geistigbehinderte. Dort fühlte ich mich unterfordert. Ich war im Lernen der Beste und bekam immer Sonderaufgaben. Doch trotzdem kam ich später oft mit einen traurigen Gefühl nach Hause.

An einem Abend setzte ich mich zu meiner Mutter und erzählte ihr, was mich an der Schule traurig macht. Von den Schülern, die mich täglich verletzten. Dort in der Schule konnte ich nicht weinen. Jetzt weinte ich jedoch, und sie sagte, dass es sicher irgendwann mal aufhören würde.

„Gott hat oft die Hände im Spiel." hatte sie gemeint. Es hatte mir etwas gut getan, mit ihr zu reden.

Bald hörte ich zum ersten Mal ein Wort. Das Wort hatte ich gelesen. Es war das Wort Depressionen.

In einem Artikel stand „Depressionen" als Überschrift. Denn es war der Selbstmord von Robert Enke, von dem berichtet wurde. Was die Welt erschütterte und manche Fußballfans traurig machte. Vielleicht wollte er sterben, denn er hatte Depressionen. Vielleicht war er traurig. Ich konnte das alles gut verstehen.

„Was ist, wenn ich genauso den Mut verliere?" hatte ich mich gefragt.

Nach einer Woche habe ich eine Statistik über Depressionen gelesen. In einer Wochenzeitschrift. Ich habe sie sofort ausgeschnitten. Denn ich fand es interessant, was sie über diese Krankheit schrieben. Das Wichtigste und was bei mir zutraf, markierte ich.

Als ich fertig mit dem Lesen und Markieren war, wusste ich nicht recht, was ich machen sollte. Ich nahm es mit in die Schule, um es meinem Lehrer zu zeigen. Vielleicht hatte er es mir schon angesehen, dass es mir schlechter ging. Im Nebenraum unseres Klassenraumes zeigte ich ihm den Artikel mit den markierten Stellen.

Er fragte mich, was das sein sollte. Ich sagte ihm, dass meine Mutter glaubte, ich hätte Depressionen. Er las mir den Artikel einmal laut vor. Dann erzählte er mir, was er über die

Depressionen wusste. Als ich dann vom Termin für einen Psychologen erzählte, meinte er, dass das vielleicht eine gute Idee wäre.

Er sah meine Enttäuschung und die Angst vor dem Psychologen und sagte, dass der Psychologe vielleicht mehr Tipps als er selbst hätte. Die Lehrer könnten auch viel besprechen, aber ein Psychologe hätte mehr Wissen. So bin ich mit meinem Lehrer wieder in dem Unterricht gegangen.

Als ich das Wort Depressionen wieder hörte, waren schon ein paar Monate vergangen. Ich war im letzten Schuljahr angekommen.

„Vor mir liegt noch ein langer Weg." dachte ich.

Erst jetzt hatte ich den Termin bei dem Psychologen. Doch inzwischen hatte ich ein mulmiges Gefühl, weil es etwas Neues war, mit einem Psychologen reden zu sollen. Meine Mutter brachte mich dahin und meldete mich an. Als ich allein in dem Wartezimmer saß, fing ich etwas an zu weinen. Ich wischte meine Tränen schnell ab, als ich aufgerufen wurde.

Auf einem Stuhl neben einem großen Schreibtisch sollte ich mich hinsetzen. Der Psychologe versicherte sich zuerst, mit wem er zu tun hatte. Ich sagte meinen Namen, und dann fragte der Psychologe, warum ich denn hier sei. In mir dachte ich an alles Traurige, was ich erlebt hatte. Doch ich schwieg vor mich hin.

Ich guckte ihn unerwartungsvoll an und sah auf den Boden. Das mache ich manchmal, wenn ich nicht recht Bescheid weiß. Ich sagte, dass ich es nicht wüsste. Er stellte diese Frage noch einmal, aber mit einem strengen Ton.

Ich hob meinen Kopf und schaute wieder auf den Boden. Ich schluckte etwas und wollte gehen. Denn ich fühlte mich ein bisschen wie beim Missbrauch. Er wollte was von mir, was ich nicht wollte. Der Psychologe guckte auf seine Uhr und sagte, ich könnte jetzt gehen.

Ich ging sofort durch die Tür Richtung Ausgang.

Als ich draußen an der frischen Luft war, sah ich schon meine Mutter. Im Auto hatte sie auf mich gewartet. Ich weinte, und sie fragte mich noch, wie es denn gewesen wäre. Ich sagte ihr, dass ich nichts gesagt hätte. Sie tröstete mich etwas, und als wir zuhause waren, bin ich sofort in mein Bett gegangen.

Der letzte Gedanke an diesem Abend war, dass ich nie wieder zu einem Psychologen gehen wollte.

Die nächsten Schultage waren wieder anstrengend und noch schmerzlicher wie je zuvor.

Die traurigen Tage gab es nun öfter. Ich konnte manchmal nicht einschlafen, bevor ich wirklich geweint oder nachgedacht hatte. In der Schule machte sich die Müdigkeit bemerkbar. Mir wurde oft von den Mitschülern weh getan. Sie schlugen mich am Kopf oder traten mich, dass ich nicht schlafen sollte. An einen Abend dachte ich an die traurigen Menschen, von denen man im Radio oder Fernsehen hört. Die ganz Schlimmes erlebt haben. Eigentlich ging es mir im Vergleich zu denen gut. Aber ich fühlte mich trotzdem nicht gut. Denn von mir sollte doch auch jemand mitkriegen, wie schlecht es mir geht. Auch wenn das nicht in der Zeitung stehen sollte.

Eines Tages saß ich an meinen Schreibtisch und hatte meine Gedanken mal auf ein Papier geschrieben. Es sollte ein Lied werden, weil viele mit Liedern Erfolg haben. Ich wünschte mir auch Erfolg. Aber ich sah ein, dass das zu schwierig ist und ich außerdem nicht gut singen kann. Ich wollte auch keinen Erfolg, wenn ich bei facebook rein schreibe, wie es mir geht und viele mir antworten.

Also schrieb ich eine Geschichte über mich. Über mein Leben als Behinderter. Ich schrieb am Computer vier Seiten voll und druckte es nachher aus. Als ich meinen Text erstmals auf Papier sah, habe ich es stolz und glücklich noch mal gelesen. In dieser Nacht fühlte ich mich nicht mehr so traurig. Am nächsten Schultag bin ich wieder zu meinem Lehrer gegangen.

Ich habe ihm meine Geschichte gegeben. Die Geschichte hatte den Titel „Behindert". Auch meine Lehrerin wollte es lesen, und ich gab es ihr.

Am gleichen Tag fragte mich die Praktikantin, die in unserer Klasse ein Praktikum machte, nach meiner Geschichte. Das Praktikum diente zu ihrem Studium. Ach ja, ich habe vergessen zu erwähnen, dass sie seit einigen Wochen bei uns arbeitete.

Ich war etwas unruhig, weil ich sie vorher nicht kannte. Trotzdem gab ich es ihr. Als sie mir meine Geschichte wieder gab, hatte sie ein kleines Lächeln im Gesicht. Das freute mich. Ich war noch nie so glücklich und stolz. Bei meinem Glücksein hatte ich fast vergessen, dass ich Depressionen hatte.

Von irgendwo scheint ein Licht daher
und bestrahlt mein Leben sehr.
Nur neben mein und vieler andere Leben auch,
 ist das, was wir hatten,
ganz in grau
und nicht bestrahlt vom Licht, der Schatten.

Wohin mit der Liebe

Ich fing an meine Geschichten und Gedanken aufzuschreiben. Ich sollte zufrieden sein, sagte ich mir. Denn meine Lehrer interessierten sich für meine Geschichten. Darüber hatte ich mich gefreut, war etwas stolz.

Trotzdem kamen mir immer wieder die Tränen. Oft war ich allein zuhause und hatte geweint. Ich wollte einfach über das Leben nachdenken. Einen stillen Moment für mich da sein.

Bei der Einsamkeit ist mir etwas eingefallen.

Mir fehlte etwas, um glücklich oder besser gelaunt zu sein. Das Grundbedürfnis, die Liebe.

Ich erinnere mich noch gut an meine Mitschülerin.

Diese war meine erste Liebe oder das erste Mädchen, was ich mochte. Zusammen gingen wir in eine Klasse, und ich war zu schüchtern, um sie anzusprechen. Da müsste ich elf Jahre alt gewesen sein und war etwas unerfahren, was die Liebe anbetrifft.

Doch ich wusste, dass sie in meinem Herzen existierte. Meine Mitschülerin sah immer gut aus, egal, was sie trug. Sie war beliebt in der Klasse und ein freundlicher Mensch.

Manchmal sprach sie mich an und das machte mich glücklich. Doch ich ließ mir die Liebe nicht anmerken. Ich fand ihre Haare toll und ihren Charakter.

Später merkte ich, wie die anderen Jungen in der Klasse sie beobachteten. Sie sprach oft mit den Jungen in der Klasse. Die Jungen machten viel Spaß mit ihr. Ein Mitschüler machte ihr immer wieder Komplimente.

Ich sah dann oft nach unten oder schaute weg. Ich fand es traurig zu sehen und hatte sie nicht mehr geliebt. Denn mit der Liebe ist es nicht nur schön, manchmal auch verletzend.

Ich zog mich öfters zurück. Doch schließlich merkte ich, wie ich eine Angst hatte, die vielleicht viele Patienten mit Depressionen haben. Es war die Bindungsangst oder Beziehungsangst.

Irgendwann mal habe ich davon im Internet gelesen. Es passte zu mir, weil ich vielleicht auch Depressionen hatte und weil ich behindert bin. Ich las die Symptome.

Viele Menschen wünschen sich einen Partner. Zum zweiten Mal im Leben oder wie bei mir zur ersten Beziehung. Der Partner soll sich um sie kümmern, sie verstehen und auch lieben. Sie wünschen sich, mit ihm glücklich zu sein und sich einander zu vertrauen. Auch die schlechten Seiten des Lebens überstehen und füreinander da sein. Das habe ich verstanden, denn bei mir war es ähnlich.

Ich wünsche mir eine Partnerin. Die diese Eigenschaften hat und dass sie mich versteht. Manchmal, abgesehen von meiner Angst, bin ich ein glücklicher Mensch. Ich glaube, ich bin ein liebevoller Mensch. Trotz der kleinen Problemen und Schwierigkeiten.

Ich sah viele gute Menschen nach meinem Geschmack und meinen Träumen. Doch ich hatte wieder Angst. Angst, sie an zu sprechen. Der Grund für meine Angst sind wohl die Depressionen und meine Behinderung.

Denn die große Sorte Mädchen sind Menschen, die behinderte Jungen ignorieren.

Andersrum gibt es Jungen, die die Mädchen ignorieren. Die Mädchen wollen einen normalen Freund ohne eine Behinderung. Denn sie wollen einen Freund, womit man bei der nächsten Party angeben kann. Dass man sagen kann, ich habe den hübschesten. Doch sind wir mal ehrlich, so ähnlich ist es bei Jungen auch.

Die Vorstellung, immer alleine zu sein, macht mich traurig. Nur ganz wenige Mädchen haben mich angesprochen.

Wie ein Mädchen mal im Bus neben mir sitzen wollte oder mich nach dem Weg gefragt hat. Oder wie eines sich bedankt hat, dass ich ihr die Tür aufgehalten hatte. Und jedes Mal sah ich ihr kleines Lächeln auf ihrem Gesicht. Ich freute mich dann auch.

Liebe war hier dennoch nicht der Fall, es war nur die Höflichkeit eines Mädchens.

Ich meine, die Liebe ist ziemlich groß. Was wäre ein Leben ohne die Liebe? Es gibt so viele Menschen, die glauben, sie brauchen keine Liebe. Sie wollen lieber alleine leben. Wahrscheinlich haben sie nur Angst davor, dass sie jemand anders nicht vertrauen könnten. Vielleicht habe ich auch diese Angst. Ich hatte mich mit diesem Gedanken auch schon mal auseinander gesetzt und träume dennoch von der Liebe.

Schule

Ich habe drei Schulen besucht. Alle waren unterschiedliche Förderschulen. Meine erste Schule war eine Grundschule für Kinder mit Sprachbehinderungen. Meine Mutter erklärte mir, dass man mich früher kaum verstehen konnte. Ich sprach sehr undeutlich. Im Zeugnis des dritten Schuljahres stand, dass meine Sätze, die ich schrieb, nicht formklar und gegliedert waren. Ich war ein Legastheniker und tat mich sehr schwer mit dem Lernen.

Im dritten Schuljahr passierte mir ein Verkehrsunfall bei meinem Freund vor der Haustür. Mein Freund hat mich im Krankenhaus nicht besucht und sprach nicht mehr mit mir. Darüber war ich traurig. Außerdem hatte ich noch andere Kontakte mit Freunden verloren. Mir wurde alles egal. Monate später wechselte ich die Schule.

Nun kam ich auf eine Förderschule für Köperbehinderte. Es war immer eine lange

Fahrt dorthin. Für mich war das solch eine Umstellung, dass ich oft im Taxi einschlief.

Ich kann mich noch gut an meine Schüchternheit erinnern. Zu Anfang auf der neuen Schule hatte ich deswegen eine Ohrfeige bekommen. Es war einer meiner Mitschüler. Als ich zwei Jahre älter war, ist die Schüchternheit etwas verschwunden. Ich wurde fröhlicher und war in der Klasse integriert. Inzwischen hatte ich neue Mitschüler in meine Klasse bekommen.

Von den Jungen in der Klasse wurde ich hin und wieder ausgelacht. Denn manchmal sagte ich etwas Falsches. Etwas, was sprachlich nicht korrekt deutsch war. Dann korrigierten sie mich und lachten.

Sie fanden meine Fehler in den Sätzen lustig. Ich sah dabei immer auf den Boden. Ich schämte mich dafür und wollte nicht, dass ich diese Fehler machte.

Ich bekam einmal in der Woche einen Einzelunterricht. Bei einem Lehrer, der mir viele Sprechübungen und Textaufgaben gab. Für ihn war es wichtig, dass man richtig schreiben und lesen kann. Ich hatte fast zwei Jahre an dem Unterricht teilgenommen, und es zeigten sich Erfolge.

Ich war glücklich, dass ich es schaffte. Auch wenn ich wegen ihm Tränen in den Augen hatte, weil er mich hart ran nahm.

Im gleichen Schuljahr wurde ich von einem Jungen verwirrt. Er hatte mich am Geschlechtsteil angefasst und machte es mehrmals. Es war ein sexueller Missbrauch. Ich meine, für mich hatte es jahrelang Auswirkungen. Ich bin ein trauriger Mensch geworden.

Ich schlief nachts unruhig. Manchmal in der Schule war ich fertig und machte die Augen zu. Die Lehrerin und meine Mutter meinten, ich sollte mich nachmittags hinlegen. Auf einem Sofa im Nebenraum der Klasse legte ich mich hin. Ich dachte immer mehr nach. Es war so, als ob jemand in mir die Rückspultaste gedrückt hätte.

Es war eine schwere Zeit für mich. Ich war dauernd müde und traurig. In den Unterrichtsfächern war ich nicht bei der Sache.

Im Zeugnis stand, dass ich meine Angst in Rollenspielen zeigte, wenn wir etwas üben sollten. Oder wenn wir Schüler etwas vortragen sollten, wollte ich als letzter dran sein. Ich hatte Angst, dass meine Mitschüler mich auslachten. Oder die ganze Klasse. Im Rechnen war ich nach unten gefallen. Ich konnte eigentlich gut rechnen, doch ich war jetzt mit den Aufgaben überfordert. Besonders fiel es mir bei den Hausaufgaben auf.

Meine Lehrerin erklärte die Hausaufgaben. Inzwischen rechneten einige Mitschüler sie schon aus. Ich stand vor dem Mathebuch und wusste nichts. Zuhause mit meiner Mutter machte ich die Hausaufgaben, und mir flossen Tränen in die Augen. Ich war über die Schule und die Aufgaben verzweifelt.

Ein Schuljahr, bevor ich eigentlich die Schule verlassen sollte, wechselte ich noch einmal die Schule. Die dritte Schule war für Schüler mit geistiger Behinderung.

Ich hatte einen guten Start in der neuen Klasse. Die Lehrer gaben mir passende Aufgaben. Ich zeigte mein Können in vielen Fächern. Denn jeder in der Klasse hatte eine andere Lernhöhe. So gab es mehrere Aufgaben für unterschiedliche Schüler.

Ich machte große Erfolge im Rechnen, Schreiben und Lesen. Alles war einfach, und ich hatte Spaß. Ich war besser als mancher Schüler der Klasse. In der Pause und in meiner

Freizeit machte ich mit den Jungen in der Klasse etwas. Ich baute Kontakte zu ihnen auf und traf mich manchmal mit meinen Mitschülern.

Doch später hatten sich die Jungen in der Klasse zerstritten, und ich bekam mit, wie alles in die Brüche ging. Erst dann merkte ich, wie anders sie waren. Ich fand sie oft kindisch, weil sie schwer behindert waren. Und warum ich so anders war. Ich hatte eine Auseinandersetzung mit mir selbst, weil ich viel nachdachte. Diese hatte ich schon früher, als ich noch zu dem Pfadfindern ging.

Es war eigentlich eine Jugendtreffgruppe. Manchmal fragten mich einige der Jüngeren, auf welche Schule ich ging. Ich wusste, dass ich behindert war und eine Sonderschule besuchte. Also versuchte ich der Frage aus dem Weg zu gehen. Es zeigte sich, dass es sehr wichtig war, auf welche Schule man ging. Die Meisten aus der Gruppe besuchten das Gymnasium, die Realschule oder die Hauptschule. Ich hatte Angst, dass sie mich auslachen würden, wenn ich ihnen sagen würde, dass ich behindert war. Denn ihr Bild von Behinderten konnte ich mir vorstellen.

Ich war der Älteste in unserer Gruppe und wollte ein gutes Beispiel sein. Sie haben mich total nett behandelt.

Zurück in der Schule bekam ich mit, wie andere Schüler sich durch Showkampf oder Mobbing auseinandersetzten. In meiner Klasse gab es jemanden, der die anderen schikanierte.

Er streckte oft seine Arme aus und schlug damit jemand ins Gesicht. Lachte und meinte, dass er es aus Versehen gemacht hätte. Das machte mich traurig. Oder beim Einschenken von Wasser schreckte er hoch, und das ganze Wasser schüttete er auf den Boden.
Mein Lehrer meinte, er wäre vielleicht unsicher und deswegen würde er die Fehler machen.

Irgendwann einmal fing er es bei mir an, und ich wehrte mich kaum. Wie es schon zu ahnen war, machte er es dann häufiger. Selten schlug ich zurück. Es machte mich traurig. Ich informierte mich über das Schikanieren in Büchern und im Internet. Ich wollte wissen, warum er es machte. Dabei wollte ich auch herausfinden, wie man sich schützen kann.

Ich habe erfahren, dass es zwei unterschiedliche Arten von Schikanieren gibt. Ich erlebte beide Arten in der Schule. Doch von zwei unterschiedlichen Schülern.

Die eigentlich noch harmlose Art von Schikanieren ist, jemanden schlecht zu machen. Jemanden beleidigen, schlagen und Gerüchte in der Schule verbreiten.

Die zweite Art von Schikanieren habe ich auch erlebt. Es ist Mobbing oder Gewalt, was der Täter macht. Ein Schüler hatte mich mehrmals geschlagen und sogar in die Geschlechtsorgane getreten. Für einen Jungen ist das sehr schmerzlich. Ich spürte den Weg der Verzweiflung. Ich war müde und traurig. Ich konnte nicht mehr zur Schule gehen, ohne einmal zu weinen.

Erst als ich meine ersten Buchseiten schrieb, fühlte ich mich etwas glücklicher.

Das Interesse eines Menschen

Später schrieb ich meine Gedanken weiter. Inzwischen waren die Tage kürzer geworden. Der Schnee ließ sich an manchen Ecken blicken. Es war Ende November und für mich eine sehr schöne Jahreszeit.

Ich versuchte mich an die besonderen Ereignisse meines Lebens zu erinnern. Dann schrieb ich sie mir in Stichpunkten auf. Es kam einiges zusammen. Mir fiel auf, dass ich ein besonderes Leben habe. Außerdem schrieb ich eine schwere Geschichte meines Lebens auf. Es war die Geschichte mit dem sexuellen Missbrauch.

Da wusste ich natürlich noch nicht, dass es das war. Als ich diese Geschichte am Computer abtippte und es gleich ausdruckte, war ich überrascht. Eigentlich war es beunruhigend, all das zu lesen, doch irgendwie war es auch schön. Ich fand zwar traurig, dass es passierte, doch mit dem Schreiben war es eine tolle Sache.

Eines Tages nahm ich die Geschichte wieder mit zur Schule. An diesem Tag fuhren wir mit meiner Klasse auf einen schönen Weihnachtsmarkt.

Im Zug saß ich allein, denn ich wollte neben keinem Mitschüler sitzen. Die Lehrer unterhielten sich gegenseitig, manchmal lachten sie. Unsere Praktikantin stand beim Integrationshelfer eines Rollstuhlfahrers. So saß ich allein und guckte etwas traurig nach draußen.

Meine Augen waren feucht, doch ich wischte die Tränen immer wieder weg. Der Zug hatte das Ziel erreicht, und wir stiegen aus. Wir liefen zum Weihnachtsmarkt, ich gab das Tempo an. Ich lief extra etwas langsamer, dass auch unsere nicht so schnellen Mitschüler mitkamen.

Plötzlich waren wir schon auf dem Weihnachtsmarkt. Es gab viele Stände mit Lichterketten und Musik. Wo man etwas zu Essen oder für Weihnachten kaufen konnte. Viele Geschenkideen, und an vielen Ständen gab es Glühwein. Wir liefen eine Stunde einmal im Kreis um den Weihnachtsmarkt. Ich war inspiriert von der Musik, und das Glück war nicht weit entfernt. Meine Klasse und ich machten eine Pause in einem Restaurant.

An einem langen Tisch nahmen alle Mitschüler und Lehrer Platz. Ich saß gegenüber unserer Praktikantin. Manchmal sah ich in die Augen unserer Praktikantin.

Jeder bestellte etwas zu essen und zu trinken. Wir warteten auf unser Essen, und ich holte meine Geschichten raus. Die Praktikantin sah mich manchmal so nett und vertrauenswürdig an, dass ich ihr meine Geschichten geben wollte.

Ich gab sie ihr, denn wegen ihr hatte ich alles ausgedruckt. Beim Warten auf das Essen las sie direkt drauf los.

Sie fragte, wie alt ich gewesen sei, als ich missbraucht wurde. Als ich es ihr erzählte, sah ich, wie sie erschrak.

Plötzlich guckte sie mir in die Augen, und da fiel es mir auf, sie hatte schöne Augen. Etwas verlegen und unsicher holte ich einen weiteren Zettel aus meiner Tasche. Auf dem Zettel stand meine Idee für den Manuskripttitel.

Mit großen Buchstaben stand auf dem Zettel „Abschied." Was dazu zu sagen hätte, wusste sie. Denn später am Bahnhof nahm sie mich zurück und versicherte sich, dass sie das richtig verstanden hätte. Ich sagte ihr, dass ich es ernst meinte, doch nicht den Mut hätte.

Es ging um mein Geheimnis, dass ich manchmal an den Tod dachte. Und mit Abschied meinte ich, irgendwann wollte ich sterben. Es war eigentlich mein Geheimnis, doch ich konnte nicht mehr. Ich war traurig und wollte es ihr zeigen.

Auf dem Weg zurück zur Schule hatte ich mit unserer Praktikantin kein weiteres Wort ausgetauscht. Ich glaube, sie hatte sich viele Sorgen gemacht. Am Abend lag ich in meinem Bett und weinte. Ich hatte großes Vertrauen zu unserer Praktikantin. Das große Vertrauen war da, weil ich dachte, sie fand mich vielleicht interessant. Sie las all meine Texte und hatte Freude daran.

Einige Tage später weinte ich abends in meinem Bett, als ich an meine Erlebnisse dachte. Mit Tränen schlief ich ein und wachte damit am nächsten Morgen wieder auf. Ich wusste nicht, was ich machen sollte, und hatte eigentlich Angst. Manchmal dachte ich so negativ wie in diesem Moment.

Vielleicht erzählte sie es der ganzen Klasse. Und erklärte den Schülern, dass man bei mir aufpassen müsste. Als mein Taxi kam und ich zur Schule fuhr, hatte ich immer noch die Traurigkeit und Angst.

In der Klasse setzte ich mich still auf meinem Platz. Ich schaute kurz zu unserer Praktikantin und hatte dann einen leeren Blick. Plötzlich kam sie zu mir, nahm einen Stuhl, setzte sich neben mich. Fragte mich, wie es mir ginge. Ich schrieb auf ein Papier, dass ich schlecht geschlafen hätte.

Sie guckte mich wieder so nett an, wie in dem Restaurant. Ich schrieb meine Worte, dass ich etwas traurig war, darunter. Sie las es und schrieb mit dem Stift ihre Worte. Das Schreiben mit ihr war schön. Aus diesem Zufall mit dem Schreiben entstand, dass wir nun öfter so kommunizierten.

Ich hatte ihr oft von meiner Traurigkeit geschrieben, denn ich wollte Mitleid von ihr. Ich wusste, dass es falsch war, doch sie hatte Interesse gezeigt. Ein eigentlich fremder Mensch interessierte sich für mich, hörte mir zu und sah sogar gut aus.

Schließlich kam der letzte Tag vor den Weihnachtsferien. In der Klasse frühstückten wir mit einem köstlichen Frühstück. Doch bevor es los ging, warf mir unsere Praktikantin einen Blick zu. Sie sagte, sie wollte mit mir

Brötchen holen. Ich meinte, wieder ihr Interesse zu wecken. Auf dem Weg zur Bäckerei unterhielten wir uns.

Ich fand es schön, von mir etwas zu erzählen. Ich berichtete ihr von meinen Schicksalen und Fehlern. Sie hat mir zugehört, und das war ein einzigartiges Gefühl.

Als wir mit den Brötchen zurück in die Klasse kamen, frühstückten wir. Danach gab es für die ganze Schule einen kleinen Gottesdienst in der Sporthalle. Mit Liedern, Fürbitten und einem Abendmahl. Da merkte ich, wie mein Herz aufging. Und ich wieder über vieles nachdachte.

Später fand ich einen Zettel auf meinem Platz. Die Schrift unserer Praktikantin erkannte ich. Mit diesem Zettel ging auf die Toilette. Auf dem Zettel stand, dass, wenn ich das Bedürfnis hätte, mit ihr reden zu wollen, ich sie anrufen könnte. Darunter stand ihre Handynummer.

Ich drückte den Zettel fest an mein Herz. Ich freute mich, aber auf der anderen Seite war ich traurig. Ich hatte es geschafft, einem Menschen so viel Mitgefühl einzureden, dass ich ihre Handynummer bekommte hatte. Doch das Ganze machte mich ehrlich traurig.

Zurück in der Klasse nahm ich einen Zettel und schrieb, dass ich lieber schreiben würde. Noch einmal hatte ich von ihr einen Zettel bekommen, da stand ihre Adresse drauf. Ich fand es genial und echt berührend, was sie für mich machte. Das alles machte sie eigentlich aus einem Grund, dachte ich mir. Wegen den Abschiedsgedanken und meiner Traurigkeit.

Am gleichen Tag gab ich den Zettel mit „Abschied" noch einem Lehrer. Doch seine Wirkung war, als ob es ihm egal wäre. Irgendwie hatte er nichts direkt gesagt. Ich konnte schon den Grund dafür erahnen. Unsere Praktikantin hatte mit ihm schon gesprochen.

Sie gab mir das Gefühl, wichtig oder beliebt zu sein. Und jemandem zum Reden zu haben. Denn in der Zeit meiner Traurigkeit hatte ich vergessen, wie wichtig ich eigentlich bin. Manchmal fragte ich mich in Gedanken, warum sollte ich denn wichtig sein. Denn ich bin doch behindert. Viel später, als ich es verstand, machte ich mich darüber schlau.

Ich meine, dass Behinderte ein gutes Recht von Wichtigkeit haben. Denn früher als Adolf Hitler die Behinderten umbringen wollte, waren Behinderte nicht wichtig oder zählten nicht als Menschen.

Außerdem fand ich, dass traurige oder schon depressive Menschen auch das Gefühl von Wichtigkeit haben sollten. Eigentlich sollten alle Menschen das Recht haben, wichtig zu sein.

Jeder Mensch ist wichtig, und keiner ist vollkommen.

Ich glaube, das zeigte sie mir. Doch das Mitleid, was ich haben wollte, war echt schön. Nur eigentlich traurig, darum weinte ich, als ich sie nicht sah. Denn jetzt waren zwei Wochen Ferien, und ich hatte Sehnsucht. Wollte wissen, was sie machte und ihr erzählen, was ich erlebte.

Denn auf der einen Seite war die Traurigkeit, weil ich von ihr etwas Mitleid bekommen hatte. Auf der anderen Seite waren das Glücklichsein und etwas anderes zu spüren, die Liebe. Ab sofort nannte ich sie „meine Praktikantin". Doch in der Schule sagte ich ihren Namen.

Meine Praktikantin

Nach den Ferien hatten sich meine Gefühle für sie verändert. Ich fand sie immer noch total nett und mit ihr schön zu kommunizieren. Wie sie an meinen Platz kam und mit mir geredet hat. Sie fragte mich häufig, wie es mir ging und ob ich weiter an meinem Manuskript geschrieben hätte.

Es war schön, doch ich hatte Angst. Ein altes und bekanntes Gefühl kam mir wieder in den Sinn. Es war Geborgenheit und Wärme wie bei der Liebe. Ich fand es traurig, dass ich das Gefühl nicht unterdrücken konnte.

Eines Tages kam sie wieder an meinen Platz. Oft hatte ich ihr schon meine neuen Geschichten gegeben oder ihr geschrieben, wie ich mich fühlte.

Doch an diesem Tag gab ich ihr einen Brief. In dem stand, dass ich sie liebte. Sie hatte danach mit den Lehrern darüber geredet. Ich habe es nicht miterlebt, aber später von meinen

Lehrern gehört. Die Lehrer gaben ihr den Tipp, hier eine Grenze zu ziehen.

Diese Grenze spürte ich, denn sie kam nicht mehr an meinen Platz. Sie redete selten mit mir und guckte mich wenig an. Alles war wie weg gewischt, das Interesse und das Mitleid. Jeden Abend weinte ich, als ich in meinem Bett war. Traurig fand ich, dass ich damals den Grund für ihr Schweigen nicht wusste. In den nächsten Wochen in der Schule war ich richtig traurig. So ging es fast zwei Monate.

Ich konnte nicht mehr. Eines Tages in einer Pause setzte ich mich auf den Boden. Traurig machte ich die Augen zu und nickte etwas ein. Da merkte ich, wie jemand sich neben mich setzte. Ich machte die Augen auf und sah meine Praktikantin.

Sie lachte etwas, und ich guckte wieder in ihre Augen. Es war schön, in ihre Augen zu gucken. Ich wollte sie umarmen und weinen. Doch beides konnte ich nicht. Ich wollte sie fragen, ob sie auch zufrieden war. Denn oft fragte sie mich nach meinem Befinden. Ich traute mich aber nicht, sie zu fragen.

Später habe ich erfahren, dass sie bald studieren würde. Es gab wieder die Traurigkeit und viele unbeantwortete Fragen von meiner Seite. Mehrere Gedanken hatte ich, denn ich dachte, ich würde sie nie wieder sehen.

Von der Schule aus fuhren wir in diesem Schuljahr mit den oberen Klassen zu einem Musical. Die Fahrt im Bus war ziemlich lang, mir machte es nichts aus. Als alle Schüler im Bus einen Platz suchten, wollte ich neben der Praktikantin sitzen. Doch ich konnte es nicht.

Wieder Angst und Traurigkeit hinderten mich daran. Nach einigen Minuten Busfahrt gab ich ihr einen kleinen Brief. Zuhause hatte ich mir viele Gedanken gemacht und ihr geschrieben, dass ich noch Fragen an sie hätte. Am Ende meines Briefes fragte ich, ob sie meine Fragen beantworten möchte. Ich wollte nicht mehr das Mitleid aufspielen, darum fragte ich nach.

Ich wollte ihr das Gefühl wieder geben, wie wichtig sie mir war, so wie sie es mir in der Schule gab. Ich dachte, dass ein Praktikum in einer Schule für Behinderte bestimmt nicht immer ganz toll ist.

Lange schrieb sie in ihren Block. Dann bekam ich ihre Antworten. Es war schön, sie zu lesen. Vieles hatte sich gelohnt zu fragen, ich bereute es nicht. Denn sie hatte mich ernst genommen. Und ich habe durch ihre Antworten verstanden, dass es gut ist, seine Erlebnisse anderen Menschen weiter zu erzählen. Ich übergab ihr ein kleines geschriebenes Danke.

Angekommen in der Stadt Hamburg, wo das Musical stattfand, habe ich gerne die frische Luft eingeatmet. Am Hafen ging unsere Klasse spazieren. Meine Lehrerin bat mich, ihren Rucksack zu tragen. Ich tat es gern, denn oft bekam ich von ihr auch einen Gefallen.

Am Hafen sah ich viele Straßenmusikanten und kreischende Möwen. Für mich war es schön, alles in einen Rahmen zu bekommen.

Abends machten wir uns auf den Weg zum Musical. Ich beschloss, mein T-Shirt gegen ein Hemd auszutauschen. Vorher hatte ich es in meiner Tasche mitgenommen. Ich habe kurz mein Deo über Hemd und Hose gesprüht.

Der Abend war perfekt. Ich saß zwar wieder nicht neben der Praktikantin, doch das Musical war gut. Die Geschichte war lustig, anregend und etwas traurig. So war es wirklich toll, ich war glücklich und sehr zufrieden.

Spät am Abend holte uns der Bus wieder ab. Wir fuhren zurück zur Schule. Auf dem

Weg habe ich oft zu meiner Praktikantin gesehen. Denn sie hatte ihre Tasche auf dem Schoß und legte ihren Kopf darauf. Sie schlief schnell ein, merkte ich. Als ich zu ihr sah, hatte es mich daran erinnert, wie ich damals im Taxi schlief. Ich weinte etwas, doch es waren Freudentränen.

Im Moment war alles so schön. Ich wollte, dass es sich nicht ändert. Ich las noch einmal die Antworten meiner Praktikantin, die sie mir auf dem Hinweg geschrieben hatte.

Um ein Uhr nachts wurden wir Schüler von den Eltern abgeholt. Als ich zuhause war, weinte ich noch einmal aus Freude. Es war ein richtiges Glückserlebnis. Ich konnte mein Glück nicht fassen und schlief bald ein. Nach einem freien Tag fing die Schule wieder an. Wenige Tage später stand ich neben meiner Praktikantin.

Ich musste sie verabschieden und übergab ihr ein Geschenk unserer Klasse. Es kam der schmerzliche Moment, sie los zu lassen. Denn es war ihr letzter Praktikumstag in der Schule. Nach der letzten Stunde verabschiedete sie sich, und alle gingen nach Hause.

Draußen gab ich ihr mein erstes Manuskript für mein Buch. Sie umarmte mich, wie ich es mir gewünscht hatte. Ich wollte ihr noch sagen, dass es mir leid tut. Das ich ihr vieles gesagt hatte, nur wegen dem Mitleidgefühl. Doch ich sagte nichts. Vielleicht hatte sie wirklich kein Interesse an mir gehabt.

Sie ging weg. Ich guckte ihr hinterher.

Ich dachte daran, was sie mir einmal gesagt hatte, was für mich sehr wertvoll war. Auf dem Zettel mit den Fragen, den ich ihr auf der Fahrt zum Musical gegeben hatte. Ich hatte sie gefragt, warum sie sich für meine Geschichten und was daran sie interessierte. Sie hatte mir zurück geschrieben, sie hätte gemerkt, dass ich reden wollte. Sie meinte, so etwas dürfte man nicht totschweigen. Da hatte sie recht. Ich stimmte ihr zu. Für mich bedeutete es, dass ich weiter am meinen Geschichten arbeiten würde.

Mein letztes Schuljahr

Ich kam an einen Punkt, an dem ich über mich nachdachte. Über meine Geschichten und mein bisheriges Leben. Ich hatte schon viele Geschichten geschrieben. Manche Lehrer interessierten sich dafür. Ich erzählte ihnen immer, dass ich ein Buch schreiben werde.

Oder es versuchte, denn noch wusste ich nicht, dass ich es wirklich eines Tages schaffen würde. Mich fragte eine Lehrerin, ob ich einen Artikel für unsere Schülerzeitung schreiben könnte. Ich sagte der Lehrerin zu. So schrieb ich meine ersten Seiten überhaupt in einer Schülerzeitung.

Es war die Geschichte mit dem Thema Behindertsein und meiner Auseinandersetzung damit. Einen Hintergedanken hatte ich, denn viele Lehrer oder Schüler sahen mir meine Traurigkeit an. So dachte ich mir, man müsste diese doch mal aufklären, wie es sich in meinem behinderten Körper anfühlt.

Darum machte ich es. Ich war hinterher echt zufrieden mit mir selbst. Viele Lehrer lasen daraufhin erst recht mein Manuskript und interessierten sich für mich. Es war schön, von den Lehrern so anerkannt zu sein.

Manche Schüler fanden meinen Text in der Schülerzeitung ebenfalls sehr gut. Sie wurden etwas nachdenklicher und hatten es wohlmöglich verstanden.

Ein paar Tage später war in unserer Schule ein Vorlesewettbewerb. Viele Schüler aus unterschiedlichen Klassen machten mit. Im Wettbewerb ging es um perfektes Vorlesen. Das richtige Lesetempo zu finden und dabei deutlich und klar zu sprechen. Die Vertrauenslehrerin und der Vertrauenslehrer, die für uns Schüler immer ein offenes Ohr hatten, waren die Punktevergeber. Ebenfalls waren noch der Schulrektor und die Vertreterin zuständig, Punkte zu vergeben. Für jede Kategorie bekam man Punkte, und wer am meisten hatte, hatte gewonnen. Jeder hatte einen anderen Text zum Vorlesen.

Weil ich so einen guten Erfolg mit meiner Geschichte „Ich bin behindert" hatte, wählte ich es als Vorlesetext. Ich war zuallerletzt dran. Die Lehrer haben sich anschließend zehn

Minuten beraten und den Sieger verkündet. Der Sieger des Vorlesens war ich.

Als ich meinen Namen hörte, war mir nach Weinen zumute. Es war wie eine hohe Verleihung des deutschen Besten. Ich konnte meine Tränen zurück halten und sagen, dass ich es gut fand. Denn ich gewann eine Urkunde mit einem Gutschein eines Büchergeschäfts.

Dieses Ereignis vergaß ich nie. Doch bald war es soweit. Meine letzte Monate auf der Schule. Ich war irgendwie glücklich, dass ich es geschafft hatte. Denn was ich alles schon in der Schulzeit erlebt hatte, war sehr viel.

Auf der anderen Seite war ich traurig. Oft fragte ich mich oder wurde von meiner Mutter gefragt, ob ich es bereute, die Schule gewechselt zu haben. Meine Antwort war, dass meine beste Schule die letzte war. Denn dort hatte ich erst gemerkt, wie wichtig alles sein kann. Meine Lehrer und unsere frühere Praktikantin halfen mir dabei sehr.

Bei der Planung der Entlassfeier hatten wir vieles besprochen. Außerdem wurde unsere frühere Praktikantin eingeladen. Nach vier Monaten sprach ich das erste Mal wieder mit ihr auf der Entlassparty. Ich ahnte nicht, dass es der letzte Kontakt sein würde. Sie fragte mich, wie es mir ginge. Ich sagte, dass es mir wie immer ginge. Dabei meinte ich, ohne sie fühlte ich mich traurig und wollte wieder von ihr Mitleid haben. Doch dieses Mal glaubte ich, ihr waren meine Gefühle egal.

In einem Brief hatte ich sie mal gefragt, ob wir uns weiter Briefe schreiben könnten. Sie antwortete mir nur auf diese Frage, obwohl ich noch viel mehr gefragt hatte. Sie antwortete darauf mit einer Stimme, die ich nie zuvor bei ihr gehört hatte, dass es sicher keine gute Idee wäre. Sie wollte nicht mehr mit mir Briefe schreiben oder mit mir kommunizieren.

Ich sah in ihre Augen und wollte sagen, dass mir diese Geschichte mit ihr leid tut. Denn ehrlich hatte ich sie verstanden, nur wollte ich wieder wichtig sein. Ich hatte ihr so viel anvertraut, obwohl ich selber wusste, es ist vorbei. Doch in mir gab es die Traurigkeit. Ich gab ihr wieder mein neues Manuskript, und vielleicht hatte sie sich gefreut, dachte ich. Bald war sie weg und ließ mich mit einem leeren Blick da sitzen. In mir war eine Verzweiflung, die mir den Rest des Abends das Lachen nahm.

Als ich Zuhause war, allein in meinem Zimmer, weinte ich. Am nächsten Morgen wollte ich am liebsten erneut weinen, doch es ging nicht. So war ich eigentlich das ganze Wochenende traurig drauf. Und die Schule war noch drei Tage zu ertragen.

In diesen drei Tagen habe ich von meinen Lehrern ihre E-Mail Adressen bekommen. Sie wollten später gerne erfahren, wie es mir ging. Ich hatte die Zeit als sehr traurig empfunden. Einmal hatte ich es nicht mehr ausgehalten, bis ich auf der Toilette weinte, aber ziemlich leise.

Dann kam der größte Tag in meinem Leben. Zum Abschlusstag hat unsere Klasse gefrühstückt. Es war ein großes Frühstück mit vielen leckeren Sachen. Nach dem Frühstück gab es einen Abschlussgottesdienst. Doch bevor wir dahin gegangen sind, gab mir meine Lehrerin ein Geschenk. Es war nur für mich und ein ganz besonderes Geschenk.

Das Geschenk war ein Schlüssel.

Er sollte das Symbol des Abschließens bedeuten. Dass ich manche Ereignisse einschließen und vergessen kann. Ich hatte mich gefragt, ob sie mich wirklich verstanden hatte, weil ich ein Buch über mein Leben schreiben wollte.

Sie gab mir den Glauben, dass ich nicht immer so traurig sein sollte. Vielleicht dachte sie an meine depressive Art. Ich freute mich sehr über dieses Geschenk.

Beim Gottesdienst gab es Lieder, Fürbitten und Predigten im Programm. Einen von den vielen Texten habe ich vorgelesen, da ich selber daran mit geschrieben hatte. Als wir den Abschlussgottesdienst geplant hatten und ich meinen eigentlichen Text bekam, war er schwer zu lesen. Darum schrieb ich ihn um, so dass er für mich passte.

Ich fand es ein schönes Gefühl, da oben neben dem Altar zu stehen und viele Leute zu wissen, die mir zuhörten.

Mir fiel der Vorlesewettbewerb ein, nur dass diesmal hunderte mehr Menschen da waren. Ich habe einen schönen Applaus bekommen und freute mich darüber. Dann wurde wieder etwas gesungen und vorgelesen. Schließlich war der Gottesdienst zuende. Die Schüler stürmten nach draußen in die Ferien. Schüler, Eltern, Lehrer und vielleicht Bekannte standen auf dem Kirchplatz. Viele Lehrer wünschten mir viel Glück in meinem Leben. Ich wünschte in dem Moment, ich hätte es ihnen auch versprechen können, aber ich sagte ihnen nur „danke."

Später in den Sommerferien hat sich meine Lehrerin gemeldet, obwohl ich ja nicht mehr in der Schule war. Ich hatte sie nämlich gefragt, warum sich die Praktikantin so zurückgezogen hatte. Meine Lehrerin hatte mir nun alles erklärt.

In der Klasse war ich jemand gewesen, der zurückhaltend war, aber durch mein Schreiben sich gut mitteilen konnte. Über diese neue Möglichkeit hatten sich alle Lehrer gefreut. Denn während ihres Praktikums hatte sie viele Fragen. Manche kamen aus meinem Text „Ich bin behindert".

Schwieriger wurde es dann, als ich mich in sie verliebt hatte. Hier hatte sie den Rat von der Lehrerin bekommen, eine Grenze zu ziehen.

Denn ich sollte mit meiner Liebe offen für andere Mädchen bleiben. Weil sie sah, dass ich trauriger wurde und sie mir meine Gefühle nicht erwidern konnte.

Ich fand es schön, endlich alles zu wissen und zu verstehen. Traurig machte mich, dass ich es erst jetzt wusste. In der Schule hatte ich wirklich gelitten und war sehr sehr traurig.

Doch während der Schulzeit konnte ich fast nie weinen. Ich erinnerte mich daran, wie die Praktikantin mir einmal sagte:

„Vielleicht denkst du, wenn du in der Schule weinst, dass du schwach bist. Aber die anderen machen es ja auch, und schämen braucht man sich nicht. Jeder weint mal in der Schule."

Sommerferien

In diesen Ferien passierte viel, bevor ich in den Werkstätten angelernt wurde.

Ich machte einen Ferienjob und lernte dort ein Mädchen kennen. Wir hatten beide einen Ferienjob in einer Ferienfreizeit für behinderte Menschen. Dafür hatte ich mich freiwillig gemeldet. Insgesamt waren wir vier Helfer, die manchmal viel zu tun hatten.

Wir mussten an jedem Tag in diesen zwei Wochen Tische decken. Für rund 120 Teilnehmer und Betreuer. Anschließend trockneten wir Becher und Gläser aus der Spülmaschine ab. Die wichtigste Aufgabe war jedoch, jederzeit Getränke herauszugeben. Apfelsaft, Wasser oder Tee. Für die Betreuer gab es Kaffee. Den kochten wir morgens zuerst.

Es gab Zeiten, da war nichts los, so dass wir uns unterhalten konnten. Jeder hatte etwas anderes zu erzählen. Manchmal nahm das Mädchen ein Kartenspiel mit, um mit uns Karten zu spielen. Es machte Spaß, genauso wie die Arbeit, denn die anderen Helfer akzeptierten mich.

Schnell war die Ferienfreizeit schon zu Ende. Am letzten Abend gab es eine kleine Abschiedsparty mit den Betreuern und Helfern der Ferienfreizeit. Die Party fand im Haus und draußen statt, wo das Büro der Chefin der Ferienfreizeit war. Dort können sich sonst Behinderte treffen, um schöne Dinge zu erleben.

Ich ließ mich extra etwas früher dorthin bringen, denn ich fand es doof, so mittendrin rein zu kommen. Ich half mit, Bierbänke und Tische nach draußen zu stellen. Später kamen die Betreuer und Helfer. Zum Essen gab es verschiedene Salate und Frisches vom Grill.

Es war schönes Sommerwetter. Doch die Sonne machte mir etwas Probleme. So bin ich ins Haus gegangen, wo eigentlich niemand war. Allein saß ich an einer Tischreihe und aß mein Würstchen mit Salat. Danach bin ich noch einmal aufgestanden, um mir ein Brötchen zu holen. Ich setzte mich wieder hin und aß weiter.

Plötzlich kam das Mädchen, womit ich mich eigentlich in letzter Zeit am besten verstand, in den Raum. Sie sah mich und fragte mich, ob sie sich neben mich setzen dürfte. Ich hatte nichts dagegen, im Gegenteil, ich freute mich, und sie nahm Platz. Wir unterhielten uns wie in den letzten Tagen und aßen gemeinsam. Anschließend gingen wir zusammen ein wenig herum. Ich habe es genossen. Leider sollte ich um 22 Uhr abgeholt werden und hatte Sorge, dass meine Mutter jetzt kommen würde. Ich schaute auf mein Handy, um zu sehen, wie spät es war.

Das Mädchen bemerkte es und fragte mich, ob sie meine Handynummer haben könnte. Ich zögerte und wusste nicht, was ich machen sollte. Verlegen und unsicher sagte ich, dass ich die Nummer nicht im Handy eingespeichert hätte. Verlegen war ich, weil ich schwindelte. Denn jeder weiß, man kann die Nummer immer im eigenen Handy finden. Aber ich kannte es nicht, dass mich jemand nach der Handynummer fragte. Deswegen war ich unsicher. Ich fand es schön, dass ein Mädchen nun danach fragte.

Sie schrieb mir stattdessen ihre E-Mail-Adresse auf. Darüber war ich froh.

Sie sagte mir noch, dass sie, wenn ich mich nicht melden würde, sehr traurig wäre. Ich dachte an meine häufige Traurigkeit und bedankte mich, weil ich mich total freute. Später fuhr sie mit ihrem Auto nach Hause. Ich wurde bald von meiner Mutter abgeholt.

Später, als ich allein in meinem Bett war, schaute ich mir lange ihre E-Mail Adresse an. Am nächsten Morgen loggte ich mich gleich in mein E-Mail- Konto ein. Ich schrieb ihr eine E-Mail und wartete.

„Vielleicht schreibt sie mir ja sofort zurück." dachte ich mir.

Nach zehn Minuten loggte ich mich wieder aus und versuchte, an etwas anderes zu denken. Doch immer wieder loggte ich mich ein und schaute, ob sie mir zurück geschrieben hatte.

Als ich abends ihre Antwort bekam, freute ich mich sehr. Ich schrieb ihr, wie schön es war, dass es klappte. So habe ich mich mehr und mehr gefreut und hatte ein verliebtes Gefühl.

Dass sie mich vielleicht nett fand und mich mochte. Ich hatte mich nicht getraut, ihr meine Handynummer zu geben.

Wir haben noch oft geschrieben. Als sie mir mitteilte, dass sie mich mag, fragte ich genauer nach. Jetzt kam die Enttäuschung. Denn sie hatte schon einen Freund, was ich jetzt erst von ihr erfuhr. Wieder war ich sehr traurig.

Reisen

Eines Tages in den Ferien fuhren mein Stiefvater, meine Mutter, meine Schwester und ich nach Amsterdam. Früh morgens fuhren wir los. Ich schlief im Auto noch etwas weiter. Über die holländische Grenze ging es in den Großstadtverkehr. Plötzlich war ich wieder wach.

Ich sah einen großen Hafen und viele Schiffe. Wir haben einen Parkplatz in einer kleinen Seitenstraße gesucht, wo wir das Auto parkten. Zuerst ging es zu einem Bäcker zum Frühstücken.

Als wir los liefen, sah es schon nach Regen aus. Wir fanden einen runden Tisch im Cafe. Ich bestellte mir ein Brötchen mit Kaffee. Als wir später aufstanden, kam immer noch viel Nieselregen aus den Wolken.

Wir sahen uns das Haus an, das in Amsterdam besonders sehenswürdig ist. Das Anne-Frank-Haus, doch rein gehen wollten wir nicht. Denn viele Menschen standen an den Eingangstüren.

Später gingen wir an einer alten Kirche vorbei. Meine Mutter und mein Stiefvater gingen in die Kirche. Meine Schwester und ich warteten draußen. Jetzt schien wieder die Sonne. Wir sahen in weiterer Entfernung einen Jonglierkünstler, wie er acht Bälle gleichzeitig in die Luft warf und wie er nach der Vorstellung das Geld einsammelte.

Zusammen liefen wir anschließend zum Rathausplatz. Dort trennten wir uns wieder. Denn meine Mutter und mein Stiefvater gingen ins Rathaus und machten eine Führung mit.

Meine Schwester und ich guckten uns um, was auf dem Platz stattfand. Denn es war ein großer Markt auf dem Platz. Wo man Bücher oder Schallplatten erwerben oder sich mit Hotdogs und Pommes vergnügen konnte.

Auf dem Platz standen viele Figuren aus Filmen und der Phantasiewelt. Wenn man Geld in eine Schale warf, konnte man ein Foto damit machen. Unter diesen einzelnen Figuren waren Menschen versteckt. Es war lustig, wie sich andere Leute ein Foto davon machten.

Zum Schluss liefen wir noch zusammen zum Amsterdamer Bahnhof. Am Bahnhof haben wir was Kleines gegessen. Später sind wir zum Auto gelaufen und zurück gefahren. Ich sah vom Auto aus nach draußen.

„Was für eine schöne Stadt." dachte ich mir.

Plötzlich waren wir wieder auf der Autobahn. Von Amsterdam sah man schon nichts mehr. Im Auto lehnte ich mich in den Sitz und machte die Augen zu. Ich dachte an meine Reisen und Ausflüge.

Mit den Ausflügen ist es wie eine kleine Weltreise. Denn häufig fuhr ich mit meiner Mutter oder allein mit dem Zug zu anderen Städten. Manchmal mit einer Gruppe oder mit der Klasse.

In den letzten Jahren habe ich viele Ausflüge gemacht und Städte gesehen. Das ist das Einzige, was toll an einem Behindertenausweis ist. Ich kann damit, ohne bezahlen zu müssen, ganz Deutschland besuchen. Wenn ich in anderen Städten bin, macht es mir Spaß, andere Menschen zu sehen. Wie sie herum laufen, sich bewegen, was sie tun. Es ist immer was los.

In Berlin war ich einmal auf der Abschlussfahrt der Schule. Danach träumte ich davon, bei passendem Wetter und mit Geld noch einmal dahin zu fahren. In diesem Sommer habe ich den Traum wahr gemacht und bin ganz alleine für drei Tage wieder nach Berlin gereist. Ich fand es toll so ohne Familie weg zu fahren. Es war fast wie eine Therapie, meinen Alltag hinter mich zu lassen und mich sehr erwachsen zu fühlen. Ich sollte sogar einmal in der S-Bahn englisch sprechen. Mich hatten Touristen angesprochen, wo sie aussteigen müssen. Mit Händen und Stadtplan konnte ich ihnen weiter helfen. Das machte mich stolz.

Die größte Hansestadt in Deutschland ist von den Einwohnerzahlen her Hamburg. Ich war schon dreimal dort gewesen. Eine schöne Stadt mit vielen Gegensätzen, Menschen mit viel Geld und arme Bettler. So habe ich es erlebt. Das ist wohl in jeder größeren Stadt so.

Als wir einmal mit der Klasse dort waren und es mir nicht so gut ging, bin ich nah an den Elbkähnen spazieren gegangen. Die anderen Schüler gingen auf dem Hafensteig. Ich lief ganz nah an der Kante. Meine Lehrer wollten mich schon weg holen. Sie machten sich Sorgen.

Mich zog es zur Elbe, doch ich wollte gar nicht rein springen. Wenn es einem nicht so gut geht, hat man keinen Blick mehr für die schönen Sachen in der Stadt. Besser ging es mir dann, als wir Miniaturwelten besucht haben. Das lenkte ab.

In der anderen Hansestadt Bremen war ich zweimal. Mit der Klasse guckten wir uns eine besondere Kunstausstellung an. Von einen amerikanischen Künstler, der sehr einfach und doch schwierig malt. Er heißt James Rizzi. Seine Kunst war etwas besonderes. Seine Bilder waren sehr bunt. Sie sahen aus, als wenn es Kinder gemalt hätten. Aber sie waren ganz schwer nachzumalen.

Im Zug und in der Schule habe ich immer gerne meine Stifte raus geholt. Doch meine Kunst war wohl anders. Ich male gerne Piktogramme. Da werden Namen kunstvoll gemalt und verziert. Viele bestaunten meine Kunst. Andere Schüler fragten mich, ob ich das mit ihren Namen auch male. Manchmal habe ich das gemacht, manchmal habe ich mich heraus geredet.

117

„Das Leben ist kein Wunschkonzert." dachte ich dann.

An anderen Tagen war ich im Ruhrgebiet. Das Ruhrgebiet hat viele Städte. Viele Leser werden die Städte mit den Fußballvereinen verbinden, doch ich bin kein Fan.

Fang ich mit Dortmund an, da bin ich mit einer Gruppe hingefahren. Auf einen Weihnachtsmarkt. Dort aß ich zum ersten Mal Pommes mit rohen Zwiebeln. Mit viel Majonäse und Ketschup. Ich würde sagen, es hat geschmeckt, doch es hatte viele Kalorien.

In der nächsten Stadt war ich in einer besonderen Ausstellung. Dort sollte man die Augen schließen und nur riechend durch gehen. Es war in Bochum und eine Ausstellung für gut und schlecht riechende Düfte. Ich habe gerochen, was ich noch nie gerochen habe. Nicht alles war schön in der Nase, zum Beispiel roch es in einem Döschen nach stinkenden Schweißsocken.

In Oberhausen, also immer noch im Ruhrgebiet, gab es etwas, das so aussah wie eine riesengroße Blechdose. In der Blechdose gab es gewöhnlich eine Ausstellung über Natur und die Welt. Oben auf dem Dach befand sich eine

Plattform, wo man fast ganz Oberhausen sehen konnte. Eigentlich hieß es Gasometer. Es war wirklich komisch aufgebaut, weil innen rundum die Ausstellung an der runden Wand entlang war. In der Mitte konnte man ganz hoch bis an die Decke gucken. Da leuchteten viele künstliche Sterne.

Es ging auch noch nach Essen. Mir wurde oft gesagt, ich sollte nicht immer nur an Essen denken, doch dieses Essen ist anders gemeint. In der Stadt Essen gab es ein Einkaufszentrum mit vielen Geschäften wie in jeder großen Stadt. Einmal bin ich mit meiner Mutter dahin gefahren. Wir sahen uns ein Kohleabbauwerk an. Jetzt ist es ein Museum, aber man konnte sich ansehen, wie die Kohle früher abgebaut wurde. Das war in dem Jahr, als das Ruhrgebiet auch Kulturhauptstadt war. In Essen ist mir richtig aufgefallen, was ich schon häufiger bei meinen Ausflügen gesehen hatte. Wir fuhren mit der Straßenbahn. Mir gefiel, wie die Touristen Einheimische ansprachen oder mit ihnen Scherze machten.

Mich freut es einfach, wenn man gastfreundlich ist.

Ich finde es schön, in einer Stadt aufzutauchen und die Menschen zu sehen. Das ist ein schönes Gefühl. Auch wenn es kleine Erlebnisse gibt, die nicht schön sind oder wenn man erkältet ist und sich nicht so wohl fühlt.

Einmal fuhren wir mit der Klasse in der zweiten Schule, die ich besuchte, nach Köln. Dort hatten wir uns ein Fernsehstudio und einen Radiosender angesehen. Wir machten eine Führung mit und hatten viele Einblicke bekommen, die man als Zuschauer nicht sieht. Die vielen Kameras und Beleuchtungen.

Meine Tante wohnt in Köln. So zeigte sie mir und meiner Schwester bei meiner letzten Fahrt nach Köln viele andere Seiten in Köln. Ein Sportgeschäft, wo man vieles, was man kaufen wollte, auch gleich austesten kann. Winterjacken zum Beispiel kann man in einer Kältekammer testen. Außer Jacken gab es noch vieles andere wie Kletterschuhe, Kanus und Zelte. Die Kanus konnte man in einem großen Wasserbecken ausprobieren.

In Köln gibt es auch den bekannten Dom. Eine Turmspitze vom Dom wurde nachgebaut und unten auf den Platz gestellt, damit man sehen kann, wie groß sie ist. Sie heißt Kreuzblume und ist neun Meter hoch.

Es gibt auch noch das Schokoladenmuseum am Rhein. Davon träumt ja wohl jedes Kind, einmal am Schokoladenbrunnen zu stehen und so viel Schokolade zu essen, wie es ihm gefällt. Doch ein paar Meter vorher gab es eine Absperrung. Eine Frau tauchte kleine Waffeln in die Schokolade aus dem Brunnen und reichte sie dann dem Publikum. Das war schade, denn ich mag sehr gerne Schokolade. Ich hätte gern mehr davon gehabt.

Vom Rhein geht's nun an den Main. Frankfurt am Main ist bekannt für die Wolkenkratzer und für die Banken. Da gibt es auch die Börse, doch ein Einblick darin ist nicht ganz so spannend, glaube ich. Denn da gibt es ja nur viele Zahlen.

Nach Frankfurt sind meine Mutter, meine Schwester und ich ein anderes Mal gefahren. Wir hatten etwas Glück mit dem Wetter, so waren wir oben auf einem Wolkenkratzer. Es gab dort eine Plattform mit einer tollen Aussicht.

Im Norden habe ich einige Inseln bereist. Meine erste Insel, die ich besuchte und an die ich mich erinnern kann, war Rügen. Ich war sieben Jahre alt. Mit meinen Geschwistern und meiner Mutter hatten wir eine Mutter-Kind-Kur gemacht. Wir hatten viel Spaß und die Kur gefiel uns.

Als ich diesen Text für mein Manuskript schrieb, blätterte ich in meinem Fotoalbum nach. Da sah ich, dass ich zuerst auf der Insel Föhr war. Ich war gerade ein Jahr alt und kann mich daran natürlich nicht erinnern. Doch auf dem Foto waren mein Vater und ich Hand in Hand am Strand. Das sieht aus, als wenn ich mich gefreut habe.

Später, als ich erwachsen war, fuhr meine Familie nochmals nach Föhr. Wir hatten eine Ferienwohnung auf dem ländlichen Teil der Insel. So war das nächste Lebensmittelgeschäft sieben Kilometer entfernt. Wenn man etwas kaufen wollte, musste man das Fahrrad nehmen und in die Pedale strampeln. Das war ein sportliches und schönes Erlebnis. Wir nahmen unsere privaten Fahrräder mit und fuhren fast jeden Tag zu dem Lebensmittelgeschäft. Ich ging mit meiner Schwester oft am Strand spazieren und suchte nach Muscheln.

Mit meiner Klasse waren wir auf Spiekeroog zur Klassenfahrt. An einem Tag bauten wir aus Sand einen riesengroßen Kreis, so dass man sich in den Kreis setzen konnte. Der Kreis hatte Platz für fünfzig Schüler und Lehrer. Das war ein tolles Miteinander, alle zusammen in dem Riesenkreis. Zusammen sangen, lachten und spielten wir. Es war eine schöne Klassenfahrt.

Später machte ich eine Kur auf Norderney. Sie sollte mein Asthma heilen. Doch da hatte ich schon meine ernsten Probleme mit meiner Behinderung. Denn ich war der Einzige, der behindert war. Und manche lachten über mich. Es war für mich ein großes Problem, dagegen an zu kämpfen. Es war mir so unangenehm, dass ich manchmal Heimweh hatte. Als meine Mutter zu Besuch kam, weinte ich und wollte mit nach Hause.

Zuletzt habe ich von den Inselreisen Sylt besucht. Meine älteste Schwester, die jetzt im Kindergarten arbeitet, hatte damals in einer

Klink auf Sylt gearbeitet. Mit meiner Familie fuhren wir einen Weg, der abwechselnd rauf oder runter ging. Es kam mir vor, als wären wir in der nördlichsten Stadt Deutschlands. Als ich mein Handy anmachte, schaltete es sich auf Dänemark um. Das wunderte mich. Wir setzten uns in ein Cafe. Dort gab es Windbeutel, die so groß waren wie der Hunger selbst. Wenn Sie, meine Leser, auf Sylt sind, dann nehmen Sie in dem Cafe Platz und bestellen Sie einen Windbeutel. Höflicherweise bekommt man auch ein Lätzchen, falls es Probleme gibt, die riesigen Windbeutel zu essen. Sylt war so schön, dass ich viele Fotos machte. Wenn ich jetzt die Fotos ansehe, erinnere ich mich gerne an die schöne Zeit.

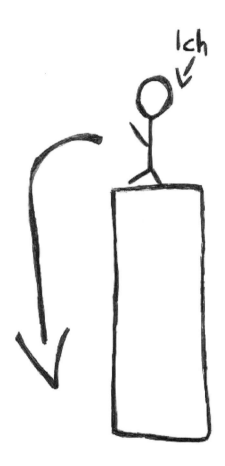

Ich

Ein schlechter Mensch

Nach den Ferien hatte ich meinen ersten Arbeitstag in einer Werkstatt für behinderte Menschen.

Anfangs kam ich in einen Bereich für neu Hinzukommende und in eine Gruppe, in der die Meisten aus meiner alten Klasse waren. Oft stritten sich zwei Jungen, die sich auch schon vorher in meiner Klasse gestritten hatten.

Manchmal war es zu viel für mich, denn es war auch laut. Ich bekam weiterhin mit, wie einer meiner Mitschüler die anderen schikanierte. Ich hielt es wieder nicht aus, so dass ich auf der Toilette weinte. Doch sehr leise, damit es keiner hörte.

Ich war wieder an einem Punkt, an dem ich mich schlecht fühlte. Ich wollte mir eine andere Arbeit suchen, um etwas anderes zu machen. Manchmal sollte ich Aufgaben auf einem Zettel ausrechnen. Doch wegen meiner Gedanken konnte ich mich nicht richtig konzentrieren. Ich legte dann meine Hand auf die Stirn und machte die Augen zu.

Schnell hörte ich wieder, dass ich nicht schlafen sollte. Ich regte mich in mir auf und wollte antworten: „Halt doch deinen Mund." Aber ich tat es nicht.

Nachmittags, als ich mit dem Bus nach Hause fuhr, hatte ich wieder das Gefühl, nicht mehr zu können. Ich fühlte mich frustriert, traurig und ausgebrannt.

An einem späteren Tag fuhr ich nach langer Zeit wieder zu meiner Psychologin. Eigentlich hatte ich ja gesagt, ich wollte nie mehr zu einem Psychologen. Meine Mutter hatte mich aber überredet, nach Münster zu einer anderen Psychologin zu fahren. Sie ist extra für Menschen mit geistiger Behinderung ausgebildet. Manchmal, wie zu diesem Termin, bin ich alleine mit dem Zug hin gefahren. Nach einer Stunde war ich da und wurde aufgerufen.

Sie wollte mit mir einen Test machen. Ich sollte viele Fragen beantworten. Die Fragen gingen um meine Angst und Unsicherheit. Sie sagte mir, was ich eigentlich schon früher wissen wollte. Doch zu diesem Zeitpunkt wollte ich es nicht hören.

Sie sagte mir, dass ich Depressionen hätte. Sie erzählte mir mehr über diese Krankheit, als ich eigentlich verstand. Ich fuhr wieder allein mit dem Zug nach Hause und dachte, dass ich richtig krank bin. Ich bekam eine Gänsehaut und guckte mit leerem Blick nach draußen, um meine Tränen zu verstecken. Es saß zwar keiner außer mir in dem Waggon, doch ich wollte nicht weinen. Ich machte die Augen zu.

Nach einem vielsagenden Tag ging ich in mein Bett. Meine Mutter war in Urlaub. Eigentlich fand ich sturmfreie Bude toll, aber jetzt fühlte ich mich allein. Ich heulte mich aus und schrieb alles, was die Psychologin gesagt hatte, auf ein Papier.

Am nächsten Tag gab ich es meinem Gruppenleiter bei der Arbeit. Er redete mit mir. Es war beunruhigend, aber auch schön und tröstend. Mit dem Gedanken, dass ich krank bin, habe ich mich lange aufgehalten.

Spätere Wochen war ein großes Volksfest in der Stadt, wo ich wohne. Ich überlegte, ob ich dahin gehen sollte. Denn eigentlich war ich zu traurig. Doch ich entschied mich dazu. Mit meiner Schwester und ihrem Freund fuhren wir zu diesen Volksfest. Ich schaute manchmal ins Leere.

Nach langem Laufen und Warten vor einem Fahrgeschäft habe ich plötzlich unsere ehemalige Praktikantin gesehen. Es war ein tolles Gefühl, sie wieder zu sehen, doch mir kam ihre Geschichte mit mir wieder in den Sinn.

So knapp zehn Meter stand sie vor mir. Doch bevor sie mich sah, drehte ich mich um. Dass sie nur meinen Rücken sah. Ich hätte mir sehr gewünscht, dass sie zu mir kam. Doch wahrscheinlich sah sie mich nicht.

Dann liefen wir an ihr vorbei. Erst jetzt bemerkte ich, dass sie mit vielen ihrer Freunde da stand. Ab und zu lachte sie. Ihr Lachen erinnerte mich, wie sie noch an der Schule war. Wie sie da etwas über meinen Geschichten lachte oder sich freute. Wie sie ihre Augenbrauen hochgezogen hatte, wenn sie etwas wollte.

Am Abend in meinem Bett weinte ich wieder. Ich weinte alles aus mir heraus. Denn es war nicht der einzige Grund, um zu weinen.

Ich weinte um meine Praktikantin, die mich nicht ansprach oder sich bei mir meldete. Dass ich mich nicht bei ihr meldete konnte. Ich weinte um meine Mitschüler, die mich nervten und sich stritten. Um die behinderten

Menschen bei meiner Arbeitsstelle, mit denen ich nicht klar kam. Dass ich Depressionen hatte und ewig müde war. Und ich mir jeden Arbeitstag anhören musste, dass ich nicht schlafen oder mal früher ins Bett gehen sollte.

Vielleicht hatte ich ja eine viel schlimmere Krankheit. Die Krankheit nennt man „Burn out". Auf deutsch würde man „ausgebrannt" dazu sagen. Davon konnte man viel in den Zeitungen lesen.

Meine Depressionen machten mir am meisten Sorgen. Denn ich war ein schlechter Mensch, meinte ich. Ich dachte an den Tod oder Selbstmord. Doch um ehrlich zu sein, ich konnte es nicht. Dabei wollte ich es wirklich, es war mein Wunsch. Der Wunsch zu sterben.

Ich bin depressiv krank und schlecht, meinte ich. Doch ich hatte immer das Gefühl, jemand, irgendeiner wartet auf mich. Das hielt mich zurück. So wollte ich noch bleiben.

Mein Fehler ist es, manche Sachen stehen zu lassen. Einfach mal nicht etwas darüber zu sagen oder seinen Kommentar abzugeben. Denn mit meinen Lehrern sprach ich oft über unsere ehemalige Praktikantin. Ein ganzes Jahr lang, und ich drehte mich oft im Kreis.

Vielleicht war es mir wichtig, für sie zu kämpfen oder sie nicht los lassen zu wollen. Wahrscheinlich musste ich es irgendwann einmal tun, auch wenn ich es oft genug schwierig fand.

Selbstständig

Als ich mal gefragt wurde, was ich denn gut könne, musste ich erst einmal lange nachdenken. Erst dachte ich, das sei nicht viel, was ich könne.

Aber vielleicht stimmte das ja nicht. Denn ich habe viele Fähigkeiten, die zur Selbstständigkeit beigetragen haben. Doch in einigen Tagen musste sich zeigen, wie selbstständig ich war und was ich konnte.

Bald sollte ich ausziehen, hatte meine Mutter mir erklärt. Etwas dauerte es noch.

Denn in der Zeit wurde ein altes großes Haus in der Nähe des Stadtkerns renoviert. Darin würden Wohnungen eingerichtet, erklärte uns der Leiter des ambulanten Wohnens. Da sollte ich einziehen. Bald würden sie fertig sein. Ich musste noch warten, bis die Bauarbeiter fertig wurden. Inzwischen dachte ich an meine Selbstständigkeit.

Meine eigentliche vielseitige Selbstständigkeit habe ich meiner Mutter zu verdanken. Manches lernte ich in der Schule.

Was mir besonders auffiel, war, dass ich gut kochen konnte. Ich möchte mich jetzt nicht mit einem Sternekoch vergleichen. Doch was ich koche, ist fast immer so gut wie von meiner Mutter. Denn von meiner Mutter lernte ich das Kochen und Backen.

Sie sah es von der Erziehung her als wichtig an, kochen und backen zu lernen. Schon viele Rezepte machte ich ihr nach oder hatte einen Verbesserungsvorschlag. Denn ich bin ein Vegetarier, weil ich früher wegen meiner Neurodermitis kein Fleisch essen durfte. So kochte ich dann fast immer ohne Fleisch und Fisch.

Manchmal gelingt mir das Essen so gut, dass es mich selber verblüfft, wie gut ich kochen kann. Ich habe auch immer viele Ideen und Rezepte in Kopf. Das eine oder andere kommt von den Schulen, denn da stand einmal in der Woche Kochen auf dem Stundenplan.

In der zweiten Schule, die ich besuchte, kochte ich gerne mit meiner Mitschülerin. Es war meine Mitschülerin, die ich sehr mochte. Manchmal klappte es, dass ich mit ihr kochen konnte. Doch dass ich sie gern mochte, weiß sie bis heute nicht.

Dann kamen Rezepte von Kochsendungen dazu. Ich guckte im letzten Jahr sehr viele Sendungen.

„Was die vor der Kamera können, kann ich auch." dachte ich mir.

Jedes neue Rezept, was ich kochte, war mir eine große Freude.

Ich kann mich erinnern, wie meine ehemalige Praktikantin zu mir sagte:

„Wenn Dir kochen Freude bereitet, solltest du öfter kochen." Das machte ich auch und probierte ständig neue Rezepte. Die Freude am Kochen habe ich bis heute immer noch.

Wo meine Freude fast immer nach unten geht, ist bei der Wäsche. Bevor man die schmutzige Wäsche wild in die Waschmaschine steckt, sollte man sie sortieren. Denn es könnte ja sein, dass ein T-Shirt mit einer Unterhose zusammen kommt. Dann im Weiteren gibt es ein bestimmtes Programm, wie die Maschine die Wäsche wäscht. Da ist die Temperatur sehr wichtig. Aber eine Anleitung für Wäsche waschen muss ich ja hier nicht schreiben. Nachher die Wäsche aufhängen und trocknen lassen. Vielleicht noch bügeln und fertig.

Ich kann zwar eine Waschmaschine richtig anstellen und nachher die Wäsche aufhängen. Ich kann die Wäsche bügeln und sie in den Schrank packen.

Doch dies macht mir weniger Spaß. Vor allem, als ich noch bei meiner Familie wohnte und die ganze Wäsche für die Familie machen musste. Ich rettete dann meine Stimmung, indem ich beim Aufhängen oder Bügeln der Wäsche Musik hörte.

Diese Arbeit war meiner Mutter sehr wichtig. Sie wies mich in die Bedienung der Waschmaschine ein. In meiner letzten Schule, die ich besuchte, lernte ich auch den Umgang mit der Wäsche.

Darin war ich eigentlich unterfordert, doch ich dachte, vielleicht würde ich noch was dazu lernen. Die Lehrerin lobte mich sehr und meinte, dass ich es super könnte.

Von der Wäsche geht es nun zum Putzen. Das sollte ich auch lernen. Nach der Meinung meiner Mutter sollte ich mich darin verbessern. Ich meine, ich kann es auch machen. Doch nie so sauber und ordentlich wie meine Mutter. Putzen mache ich eigentlich auch nicht so gerne, doch schließlich muss es gemacht werden. Wenn ich wieder Musik dabei hören kann, macht es mehr Spaß.

Ich habe ein Foto in meinem Fotoalbum, darauf sind meine Schwester und ich. Ich war da so geschätzt vier Jahre alt. In meiner Hand hielt ich ein Putztuch und putzte das Wohnzimmerfenster. Meine Schwester hielt ein Trockentuch. Damals habe ich das wohl noch gerne gemacht.

Doch zurück zur Gegenwart. Putzen wurde auch in der Schule gelehrt. Leider konnte ich dabei keine Musik hören. Manchmal mussten wir Türen, Bänke oder andere Sachen abputzen.

An einem Tag mussten wir einen langen Flur putzen. Auch wenn ich nicht so gerne putzte, bemühte ich mich sehr. Wieder bekam ich ein großes Lob von meiner Lehrerin, über das ich mich freute.

Was mir viel mehr Freude macht, ist einkaufen gehen. Daraus entwickelte sich mein Hobby. Ein sicher guter Grund dafür ist, dass ich rechnen kann. Manchmal rechne ich schon vor der Kasse die Preise nach. So machte es vielleicht mehr Spaß. Ein anderer Grund ist, dass ich ganz gerne Geld ausgebe.

Ein kleiner Lebensmitteleinkauf machte mir immer Freude. Meine Mutter meinte oft, dass man mit mir am besten einkaufen gehen konnte. Denn früher wurde Wert darauf gelegt, dass jeder einmal in der Woche mit meiner Mutter einkaufen fuhr. Hin und wieder kaufte ich allein für mich ein.

Geld macht sprichwörtlich nicht glücklich. Das nicht, aber Geld auszugeben macht glücklich. Ich meine, Geld in der Tasche zu haben und es auszugeben, auch wenn es nicht immer richtig ist.

„Geld kann man nur einmal ausgeben." lautet ein Spruch meiner Mutter. Da hat sie ja recht. Manchmal, wenn ich mir etwas kaufte, bereute ich es. Manchmal war ich aber auch glücklich, das zu haben, was ich schon immer haben wollte. So kaufte ich gerne Dinge für mich alleine ein.

So gab es eigentlich noch mehr Fähigkeiten. Doch hatten sie mit Selbstständigkeit zu tun? Ich konnte schreiben. Anfangs war ich nicht ganz so gut. Ich war Legastheniker.

Ich denke mir, dass manche meiner Leser wissen möchten, wie ich das bekommen hatte und was es überhaupt ist.

Wie ich es bekommen habe, ist eine sehr interessante Geschichte. Sie kommt oft vor, es sind die Gene. Ich habe es von meinem leiblichen Vater geerbt. Erst jetzt konnte ich mir vorstellen, wie er damit Probleme hatte.

Was ein Legastheniker ist, das sind Kinder und Erwachsene, die nicht richtig lesen und schreiben können. Ich schaute im Internet auf Seiten für Legasthenie nach. Dort sprechen sie über eine Störung. Die Störung liegt vor, weil sie es trotz vieler Bemühungen nicht schaffen, lesen und schreiben zu lernen. Ich erinnerte mich an einen Mitschüler, er war noch schlimmer dran als ich.

Er weinte und fluchte immer sehr laut, wenn er nicht mitkam. Er fluchte so laut, dass es viele mitbekamen und zu ihm sahen. Ich saß gegenüber, und manchmal schaute er mich an. Er sah mich so an, als wenn er sagen wollte: „Hilf mir bitte." Doch ich konnte ihm nicht helfen. Ich sah ihn nur mitfühlend an.

Ich reise weiter in die Vergangenheit, als ich noch ein Schüler von acht Jahren war.

Meine Sätze waren nicht formklar und gegliedert, meinte die damalige Lehrerin.

Im besonderen Einzelunterricht der zweiten Schule zeigten sich kleine Erfolge. Mit achtzehn oder neunzehn Jahren kam dann der Durchbruch. Und plötzlich konnte ich es. Ich machte zwar noch ein paar grammatikalische Fehler, doch ich war mit mir zufrieden.

Meine eigene Wohnung

In dem großen alten Haus wurden neue Wohnungen eingerichtet. Eine von den Wohnungen gehört nun mir. Sie ist geschätzt so groß wie eine Studentenwohnung.

An einem Wochenende fuhren meine Mutter, mein Stiefvater und ich zur Wohnung. Mit meinen Sachen und Möbeln. Insgesamt fuhren wir zwei Mal hin und zurück. Fleißig packte ich jeden Karton aus, so wie ich sie eingepackt hatte.

Für den Auszug hatte meine Mutter für mich neue Sachen bestellt. Ich bekam ein neues Bett und eine eigene Küche. Außerdem bekam ich einen gebrauchten, aber trotzdem fast neuen Schreibtisch. Ich fühlte mich gut und zufrieden mit meiner neuen Wohnung.

Das Wichtigste aber fehlte meiner Meinung nach noch. Ich wartete auf das Internet und Telefon. Denn als dieses Haus renoviert wurde, war nicht daran gedacht worden, dafür Leitungen zu legen. So musste ich warten, es dauerte Tage und Wochen. Jedes Wochenende fuhr ich zurück zur Familie, um da ins Internet zu können. Es war schon etwas lästig, denn ich musste jedes Mal meinen Laptop mitnehmen.

Die Wege und Tage wurden kälter. Wir näherten uns Weihnachten. Der Schnee rieselte aus den Wolken wie im letzten Jahr. Ich dachte oft ans letzte Jahr. Wie wir mit der Schulklasse zum Weihnachtsmarkt gefahren waren. Und ich meine Geschichten unserer Praktikantin gegeben hatte.

Wie ich Erfolg hatte und ihr Interesse geweckt. In Gedanken hatte ich mir ihre schönen Augen vorgestellt. Auf meinem Handy hatte ich ein Foto von ihr, so, als ob sie neben mir laufen würde.

Es war ein schönes Gefühl, nur, ich sollte sie vergessen. Das hatte ich oft von meinen Lehrern gespürt oder gesagt bekommen.

Ich wechselte die Gedanken und erinnerte mich an meine Erfolge. Denn inzwischen hatte ich meine ersten Geschichten vielen Menschen zum Lesen gegeben. Viele haben mich gelobt und gesagt, sie würden später mein Buch kaufen.

Nur bei wenigen Menschen hatte ich das Gefühl, dass sie verstanden haben, worum es mir ging. Ich war häufiger traurig und unzufrieden. Ich wusste den Grund und wollte ihn mir nicht eingestehen oder mir anmerken lassen.

Warum ich vielen Menschen mein Manuskript zum Lesen gegeben hatte, war, weil ich Mitleid haben wollte. Etwas Mitleid hatte ich mit mir selbst, doch ich wollte vielen Menschen zeigen, wie schlecht ich mich fühlte. Ich wollte, dass mich jemand versteht und auch mag.

Von meiner Mutter bekam ich kein solches Mitleid. Sie verstand mich und meine Probleme nicht. Das fand ich noch trauriger. Um so mehr wünschte ich mir, dass jemand mich verstand.

Meine Mutter hatte Geburtstag und wünschte sich von mir, dass ich etwas vortragen sollte. Sie lud meine Onkel und Tanten, Cousinen und Cousins ein. Auch Oma und Opa. Die Kinder meines Stiefvaters, die schon älter sind, kamen mit ihren Partnern und Kindern. Wir kamen auf fünfzig Personen, die zusammen in einem großen Saal frühstückten. Nachdem Alle Brötchen gegessen hatten, habe ich mit meinem Text angefangen, den ich mir dafür ausgesucht hatte.

Vorher hatte ich lange überlegt, ob ich was Nachdenkliches oder was Lustiges vortragen sollte. Anfangs erzählte ich frei aus dem Kopf. Danach ging ich zu meinem geschriebenen Text über, mit dem ich schon in der Schule viel Erfolg hatte.

Ich hatte große Angst, ist ja auch klar, vor fünfzig Leuten. Mein ganzer Körper zitterte und meine Stimme auch. Ich erzählte von meiner Behinderung und meiner Auseinandersetzung damit in gekürzter Version. Als ich fertig war, hob ich den Kopf zum Publikum. Denn in meiner Aufregung hatte ich meinen Kopf auf den Text gerichtet. Am Ende klatschten alle, und es war für einen kurzen Moment still. Verschwommen sah ich, wie alle Verwandten mich ansahen. Bei mir drehte sich alles wie beim Unfall, den ich mit neun Jahren hatte. Mir war auch etwas übel, doch ich konnte es bekämpfen.

Also trank ich erst einmal ein Glas mit Cola. Mir ging es wieder etwas besser. Plötzlich sah ich ein Bild. Das Bild, wie all die Menschen wieder zu reden anfingen. Es war so, als hätte keiner gehört, was ich vortrage.

Spätnachmittags fuhren die meisten nach Hause. Ich lief die Straßen entlang. Ich fuhr mit dem Bus zu meiner Wohnung und ließ mich in mein Bett fallen. Erschöpft machte ich die Augen zu und wünschte, dass ich das alles nur geträumt hätte. Denn auf der einer Seite fühlte ich mich schlecht. Ich bereute, was ich gemacht hatte. Doch auf der anderen Seite fühlte ich mich gut. Wie alle geklatscht und mich angeschaut hatten.

Einige Tage später kam die Bestätigung, dass ich mich super fühlte. Ich bekam eine Karte von einer Tante. Sie meinte, sie und ihre Familie hätte ich sehr berührt. Die Karte war kurz geschrieben, jedoch sehr schön. Ich antwortete ihr als Dank.

Es vergingen keine drei Tage. Ich bekam eine E-Mail. Die E-Mail schrieb meine Cousine, deren Mutter die Karte geschrieben hatte. Sie meinte, dass sie meinen Vortrag gut und sehr mutig fand. Dass sie es sehr berührte, was ich schrieb. Ich freute mich und war zufrieden mit mir selbst.

Doch schnell merkte ich, dass sie nicht so viel Zeit wie ich hatte. Denn mit der E-Mail dauerte es fast einen Monat, bis sie mir wieder antwortete.

Ich wollte wieder jemanden haben, mit dem ich schreiben konnte. Jemanden, der mir zuhört und mich versteht. Doch als ich ihr meine Bitten schrieb, bedauerte sie diese. Denn diese Aufgabe konnte und wollte sie nicht übernehmen. Sie tröstete mich, dass sie zu mir kommen würde, wenn wir uns das nächste Mal sähen. Mit Tränen in den Augen schrieb ich ihr, dass ich es verstehe.

Zwischen den Briefen und E-Mails kam Weihnachten.

Weihnachten ist ein Fest der Familie und Freunde, das Fest der Sinne. Doch das Fest feiert man in jeder Familie anders. Wie ich es noch in Erinnerung habe, hat unsere Familie es wie letztes Jahr gemacht.

Meine Mutter kochte mit einem von uns Kindern etwas Kleines zum Essen. Dieses Mal gab es eine bunte Suppe. Dass es bei uns am Heiligabend selbst nicht so viel gab, war schon lange ein Ritual. Denn am ersten Weihnachtstag würde vornehmlich gekocht und gegessen. Selbstverständlich wurden dann auch die Freunde meiner Schwestern eingeladen.

Doch die Bescherung fand natürlich am Heiligabend statt. Aber es war auch etwas neu bei uns. Wir legten die Geschenke vor den Platz, der es bekommen sollte. Mit einem Würfel wurde dann gewürfelt, und bei einer sechs durfte ein Geschenk ausgepackt werden.

Mein letztes Geschenk, was ich auspackte, war ziemlich groß und schwer. Als ich das Geschenkpapier aufriss, ahnte ich, worum es sich handelte.

Es war eine moderne Kaffeemaschine. Solch eine, wo man eine Tasse drunter stellen konnte. Und nicht mehr den Kaffee in den Filter löffeln musste. Dafür gab es jetzt Kaffeekapseln. Mit einem Wassertank erwärmt die Maschine Wasser. In das vorgesehene Fach musste man eine Kaffeekapsel legen und auf Start drücken. Schon kam der Kaffee in die Tasse oder Kanne. Außerdem bekam ich verschiedene Kaffeesorten dazu.

Ich war glücklich und zufrieden mit diesem und den anderen Geschenken. An dem Tag, auch wenn es Heiligabend war, ging ich früh ins Bett. Und schlief gedankenfrei ein.

Eine Woche später war Silvester, und das neue Jahr stand vor der Tür. Mit einem Vorsatz ging ich ins neue Jahr:

„Du bist perfekt, aber ich bin es auch."

Arbeitswelt

Meine Arbeit begann ich in der Werkstatt für behinderte Menschen. So eine Werkstatt hat eigentlich wenig mit Autos zu tun.

In der Werkstatt gibt es mehrere Bereiche. Anfangs kommt man in einen Berufsbildungsbereich. In diesem Bereich wird man getestet, was man kann oder wo man vielleicht noch Hilfe benötigt. Was man gerne macht und nicht so gerne.

In einer Werkstatt sind die Aufträge von Firmen sehr wichtig, denn sie bringen Arbeit und Geld. An einem Tag musste ich Tücher in Tüten packen und zusammenschweißen. Diese Tücher gehen auf einen langen Weg durch Europa. Die Werkstatt ist für jeden Auftrag dankbar. Auch wenn er von außerhalb Deutschlands ist. An einem anderen Tag musste ich viele Kupplungen zusammenschrauben. Kupplungen zusammen schrauben wird oft als Auftrag gegeben.

Manch einer der Werkstattbeschäftigten ist froh über diese Arbeit. An seinem Arbeitsplatz zu sitzen und die Kupplungen oder Tücher zu verarbeiten. Doch ich konnte es nicht. Ruhig am Arbeitsplatz sitzen und den gleichen Arbeitsschritt mehrmals am Tag machen. Manchmal musste es sein. Ich war froh, wenn ich am nächsten Morgen eine neue Arbeit machen konnte.

Mit meinem Gruppenleiter kam ich gut zurecht. Nur habe ich mir gewünscht, dass alles perfekt laufen würde. Anders als in der Schule. In der Gruppe habe ich eigentlich alle, die vorher mit mir in meiner Klasse waren, wieder gesehen. So hatte ich wieder meine Probleme mit meinen ehemaligen Mitschülern.

In der Werkstatt zu arbeiten kann als Behinderter eine große Chance sein. Denn in der Werkstatt lernt man nicht nur, wie man mit den Geräten und Maschinen umgehen muss. Für Manche gibt es auch praktische Lerninhalte wie lesen, sprechen und schreiben. Mancher Mitarbeiter kann nicht schreiben, aber dafür kann er was anderes gut. Wir sind eine Werkstatt für behinderte Menschen, aber jeder kommt auf seine Stärken.

Leider aber auch an die Grenzen.

Ich merkte es sofort, wenn es mir nicht gefallen hat. In meinem Bereich gab es drei Gruppen. Manchmal bekam ich von meinem Gruppenleiter ein Aufgabenblatt. Da musste ich rechnen oder schreiben. Ich wollte mich wirklich konzentrieren, aber es ging nicht. Entweder war die Gruppe zu laut oder mein Kopf konnte nicht mehr. Ich war müde und frustriert. Eigentlich habe ich niemals richtig Lust gehabt, was zu machen. Ich konnte nicht sagen, welche Arbeit mir mehr gefiel. Ich habe mich manchmal traurig gefühlt, denn ich wusste nicht weiter.

Schließlich änderte sich das, denn ich wechselte die Gruppe. Die Gruppe war wegen den Maschinen etwas lauter, aber jetzt machte es mir nichts mehr aus. Die Gruppe besteht nur aus Jungen, und ich hoffe, dass ich da mein Selbstvertrauen wiederfinde. Und vielleicht auch jemanden, der mir zeigt, wo es lang gehen kann.

Schreiben

Mein schönstes Geburtstagsgeschenk, als ich neunzehn Jahre alt wurde, war ein Laptop. Seinen eigenen Computer zu haben, machte die Schreiberei noch etwas besser. Denn vorher musste ich einen Computer mit meiner Familie teilen. Es war nicht so toll, denn der Computer stand bei meiner Mutter im Büro. So musste man Glück haben, dass meine Mutter nicht gerade im Büro war. Denn oft hatte sie viel zu tun, nicht nur am Computer. Dann gab es noch die Schwierigkeit mit meiner Schwester. Denn oft war sie auch daran. So war ich sehr sehr glücklich und zufrieden über dieses tolle Geburtstaggeschenk.

Es war ein Tag im neuen Jahr. Das vorherige Jahr war zu Ende und ich lebte weiter.

Ich stand vor dem Spiegel und sah mich an. Ein Gedanke erweckte mein Buch zum Leben. Denn ich dachte an die Jahre und die

Erinnerungen zurück. Wie ich angefangen hatte und vieles nicht vergessen konnte.

Es war ein Tag im November, als der Fußballer Robert Enke gestorben war. In der Zeitung blätterte ich und war etwas traurig. Der Grund war nicht die Trauer, nicht Robert Enke, es war die Krankheit Depressionen. Sein Leben mit Depressionen beendete er, und meins fing mit der Krankheit an.

„Es gibt doch noch andere Menschen, aber wen denn noch?" habe ich gedacht.

Der Tag fiel mir ein, als ich müde nach Hause kam und meine Mutter meinte, ich hätte vielleicht Depressionen. Ich versuchte, jetzt nicht daran zu denken.

Doch es war wie eine Handfessel, wie wenn man an seine Schuld erinnert wird.

Mein Leben änderte sich etwas, denn häufig weinte ich. Mein erster Termin bei einem Psychologen war traurig. Ich war nicht zufrieden. Die Traurigkeit war mein Freund geworden. Sie war immer bei mir.

In einem Jahr habe ich es dann geschafft, einen Text über meine Gefühle zu schreiben. Über meine Behinderung und das Behindertsein. Ich saß fast eine Woche am Computer, bis ich es meinem Lehrer zeigte und von der

Praktikantin gefragt wurde, ob sie es mal lesen dürfte. Es war ein sehr schönes und mutiges Gefühl, dass es jemand anders las. Zwei Monate später gab ich ihr ungebremst den Zettel mit dem Wort Abschied. Jetzt wusste sie, dass ich an den Tod dachte.

Später begann für mich eine sehr glücklich Zeit. Sie zeigte mir die eigene Wichtigkeit, denn ich hatte das vergessen. Wie wichtig es ist zu leben und sich zu freuen. Es ist eine besondere Erinnerung, dass ich schon dreißig Seiten geschrieben hatte und ich es zum Abschied der Praktikantin geben konnte.

Im Mai folgte ein großer Erfolg mit meinem Text „Ich bin behindert" in der Schülerzeitung. Einen weiteren Erfolg erlebte ich, als ich den Vorlesewettbewerb gewann. Es war einen schöne Bestätigung, so gut lesen zu können. Und dass ich schreiben konnte.

Viele Lehrer interessierten sich erst dann für meine Texte. Mittlerweile hatte ich mir vorgenommen, daraus ein Buch zu schreiben. Ich gab einigen Lehrern eine Kopie der Texte. Ich hatte zu diesem Zeitpunkt fast hundert Seiten geschrieben. Doch ich fügte viele Leertasten in mein Manuskript ein, um auf mehr Seiten zu kommen.

Ich fühlte mich wie ein Star. Denn Lehrer haben zu meinen Geschichten ihren Unterricht gestaltet.

Erst nach der Schulzeit habe ich die Diagnose gehört, dass ich wirklich Depressionen hätte. Das löste bei mir eine richtige Flutwelle aus, von weinen und nicht schlafen können. Ich glaubte, ich hätte ein Ausbrennen. Denn ich wollte mich umbringen, so fertig war ich.

Nach einer großen Schreibpause hatte ich das ganze Manuskript gelesen und fand es nicht mehr so gut. Mir ging das Schreiben aus, ich hatte keine Idee mehr. Wie man es weiter führen soll. Ich wollte es wegschmeißen, doch schließlich im neuen Jahr hatte ich eine Idee.

Ich schrieb das ganze Manuskript um. Ich wollte alles schöner, besser und mit ein wenig Mitgefühl schrieben. Mehr Wissen oder Gedanken in das Manuskript einbringen. Es dauerte nach meiner Zählung vier Monate.

Dann war ich fertig und hatte kein Ende. Ich hatte kein Happy End. Was wäre das Buch ohne ein glückliches Ende. Ich wollte eins schreiben, doch mir fehlten die Worte. Ich träumte, meine depressive Erkrankung ist geheilt.

Meine Behinderung stört mich nicht mehr, und ich bin glücklich. Über vieles kann ich wegsehen oder hatte es schon vergessen. Doch plötzlich war es wieder da. Nein, das stimmt nicht. Oder doch, meinte ich.

Ich hatte mir vorgenommen, im neuen Jahr nicht mehr zu schreiben. Dass da meine Geschichten enden. Aber das Schreiben jetzt auf einmal aufzugeben, war doch irgendwie auch schwer. Es sollte so sein, meinte ich. Im neuen Jahr nahm mein Leben wieder schöne traurige und nachdenkliche Ergebnisse auf.

Und ich schrieb doch wieder…

Bei der Ferienfreizeit für behinderte Menschen im vorigen Jahr lernte ich ein Mädchen kennen. Sie hatte mir am letzten Tag ihre E-Mail Adresse gegeben. Sie meinte, wenn ich mich nicht melden würde, dann würde sie traurig sein. Ich meldete mich, und daraus wurde ein E-Mail Kontakt.

Im neuen Jahr hatte ich nur wenige E-Mails von ihr bekommen, und schließlich war es irgendwann vorbei. Sie hatte sich nicht mehr bei mir gemeldet.

Im neuen Jahr im Sommer folgte wieder eine Ferienfreizeit. Ich hatte etwas Glück, denn ich weckte einem Mädchen das Interesse auf, meinte ich. Ohne mein Manuskript gelesen zu haben. Sie fand mich sympathisch oder vielleicht nett. Nur dieses Mal hatte ich nichts bekommen. Keine Handynummer oder keine E-Mail- Adresse.

Einmal, es war Zufall, als die Ferienfreizeit schon vorbei war, hatte ich sie wieder gesehen. Doch ich hatte Angst, wegen des Kontakts mit ihr nachzufragen. Ich hoffe, es gibt noch mehr Zufälle.

Im Frühsommer entschied ich mich, allein nach Berlin zu fahren. Zwei Wochen vorher hatte ich im Internet ein Einzelzimmer in einer Jugendherberge gebucht. So konnte es los gehen, dachte ich.

Wegen der langen Anreise habe ich am selben Tag der Anreise nicht viel gemacht. Doch den nächsten Tag habe ich die ganze Zeit in der Stadt verbracht. Ich bin von einer Sehenswürdigkeit zu einer Anderen gefahren. Dabei machte ich immer viele Fotos. Am dritten Tag bin ich nach einem reichlichen Frühstück in der Jugendherberge nach Hause gefahren. Traurig, aber zufrieden guckte ich während der Fahrt meine Fotos an.

Es gibt viele Menschen die ich kenne. Andere kennen mich. Doch bei manchen, die ich vorher gekannt habe, ist es jetzt vorbei. Wenn ich diese noch sehe, geht man still aneinander vorbei.

Was ich damit sagen möchte, ich glaube, ich brauche neue Menschen. Dies wurde mir im neuen Jahr klar.

Inklusion

Ich hatte viele Vorableser. Oft machte ich eine positive Erfahrung, ihnen von meinem Buch zu erzählen oder Kapitel zum Lesen zu geben. Andere wenige machten mich erst traurig, doch am Ende zeigte es sich von der guten Seite. Denn sie zeigten doch Interesse.

Es war nicht nur eine Erleichterung zu schreiben, sondern auch ein wenig mein Schicksal. Manchmal schrieb ich bis spät in die Nacht an meinen Manuskript. Oft hatte ich Gedanken dabei, die mich tief traurig machten. Wenn es nicht in mir die kleine Wärme gegeben hätte, hätte ich es bestimmt nicht geschafft. Liebe war sicher mein Lebensretter. Ich hoffte auf Liebe, Geborgenheit und etwas Mitgefühl.

In meinen Kapitel „Wohin mit der Liebe" schrieb ich, dass mir die Liebe bestimmt nie begegnet. Traurig schrieb ich das Kapitel. Ich wollte einfach nicht immer nur von Liebe träumen. Nur ich wusste nie, ob es die Wahrheit war.

Dass normale Mädchen wirklich keinen behinderten Freund haben wollen. Ich frage mich, wenn ein Junge mit einem Sprachfehler Probleme hat oder er kann nicht schreiben, wird ein normales Mädchen ihn lieben? Sicher nicht, ist meine Meinung. Doch vielleicht ist es nicht die Wahrheit, und die Welt sieht anders aus.

Ich möchte jetzt die Zeilen nutzen, um etwas klar auszusprechen. Ich bemühte mich, immer die Wahrheit zu sagen oder zu schreiben.

Behinderte werden von manchen Teilen unserer Gesellschaft ausgelacht. Doch heute wird es sich bestimmt keiner mehr richtig trauen. Nur manchmal gibt es Geflüster wegen behinderten Menschen. Das ist nicht schön. Ich schreibe das, weil ich zeigen möchte:

Macht nicht so einen Fehler, wenn Ihr behinderten Menschen begegnet.

Meine erste Begegnung mit der Inklusion war, als ich mit in ein Ferienlager fuhr. Mit vier anderen Schülern aus meiner Klasse nahm ich teil. Über die vierzig anderen Kinder und

Jugendlichen kann man sagen, dass sie nicht behindert waren. Anfangs sangen wir ein Lied. Es hatte in dem Lied geheißen, dass wir die anderen akzeptieren und respektieren sollten, niemanden ausgrenzen, weil er anders war. Auch für mich als Behinderter gab es diese Erfahrung zu machen. Manche haben mich nett behandelt, weil ich so gut malen konnte. Und weil ich sicher nicht so behindert aussah.

Mit den anderen Jungen meiner Klasse teilte ich ein Zimmer. An jeder Zimmertür war ein Zettel mit den Namen versehen. Manche schrieben ihre böse Meinung darunter. Das machte mich etwas traurig. Andere wiederum lernten aus dem Lied. Dass freute mich und ich meine, das ist Inklusion.

Nichtbehinderte und Behinderte sollen zusammen geschweißt werden. So etwas nennt man „Inklusion". Ein Leben und eine Welt mit Menschen, die mit und ohne Behinderung sind.

Als ich den Begriff in einer Internetsuchmaschine eingab, hatte ich viele Seiten zur Auswahl. Auf den meisten Seiten waren Politiker. Denn Politiker sind ja bekannt, wenn es darum geht, Deutschland oder die Welt zu verbessern.

In der Gemeinschaft gibt es bestimmt unterschiedliche Meinungen, wie man es verbessern könnte. Ich mache mir mein eigenes Bild von Inklusion.

Ich suche im Bus einen Platz. Einige junge Menschen haben neben sich ihre Taschen gelegt. Es wäre nett, wenn sie die Taschen wegnehmen und den Platz frei machen würden. Vielleicht könnte man sich auf der Busfahrt unterhalten.

Oft sah ich Behinderte, die sich neben normale Menschen setzten. Andere Normale warfen sich hinter den Behinderten komische Blicke zu.

Das ist nicht nett, auch wenn ich es selbst manchmal gemacht habe. Behinderte sind genauso Menschen. Sie wurden nicht gefragt, ob sie eine Behinderung haben wollten.

Vieles hat sich zum Glück schon geändert und ist selbstverständlich geworden. Wie in Zügen oder Bussen eine Rampe und ein Platz, der Rollstuhlfahrern zusteht. Wenn Rollstuhlfahrer nicht gut aus dem Bus kommen, helfen Leute und schauen nicht nur zu.

Was noch verändert wird, ist, dass Förderschulen abgeschafft werden. Dass behinderte mit den nichtbehinderten Schülern zusammen lernen und entdecken. Ob dieses an Schulen klappt, bezweifle ich. Irgendwann in fünfzig Jahren vielleicht.

Ich freue mich aber, dass Sie sich entschieden haben, ein Buch zu lesen, was ein Behinderter geschrieben hat. Ich hoffe, es war eine gute Entscheidung. Und vielleicht schon etwas Inklusion.

Danke

Jetzt bin an einem Punkt, wo langsam die Musik aufhört zu spielen. Wie die Musik, die mich bei meinem Buch begleitet hat. Es war schöne, traurige und nachdenkliche Musik. Woher die Musik kam? Von unterschiedlichen Sängern, Musikern oder Textschreibern. Manche Musik war so neu, dass ich sie erst zwanzigmal hören musste. Andere Lieder waren schon älter, doch trotzdem ein Stück Erinnerung. Musiker erleben auch Schicksale und schreiben davon und von ihrem Leben in einem Lied. Solche Musik machte mich stark und glücklich. Auch wenn der Text nicht ganz so glücklich war. Darum sage ich Danke an die Sänger, Musiker und Textschreiber.

Ein sehr großer Dank geht an meine Leser. Ich hoffe, es gefällt ihnen und Sie sind an manchen Stellen aufmerksam oder nachdenklicher geworden. Auf diese Weise unterstützen sie mich.

Für mich waren die Vorableser sehr wichtig. Die Leser, die mein Manuskript vorher gelesen haben. Ich habe mich über das große Interesse von ihnen an meinem Buch gefreut. Sie machten mir Mut und gaben mir positive Rückmeldungen. Dazu gehört auch Professor Dr. Greving, der das Geleitwort am Ende geschrieben hat. Dafür bin ich dankbar

Es wäre nicht möglich gewesen, alleine das Buch zu veröffentlichen. Ohne die eigentliche Hilfe eines Menschen. Die Hilfe für das Buch war meine Tante. Sie hat die Fehler korrigiert, viele Fragen gestellt und das Buch mit mir so zusammen gestellt, dass es jetzt fertig ist. Sie gab es auch einigen Menschen zum Lesen und Korrigieren, die ich vorher nicht kannte. Trotzdem war es hilfreich.

Ich bedanke mich bei meinen Lehrern der dritten und letzten Schule. Es war vielleicht so, dass genau zu meiner Veränderung die Lehrer mir geholfen und mich unterstützt haben. Manche von denen zeigten mir ihr Interesse an meinen Gefühlen. Manche von ihnen haben mich beim Lesen des Manuskripts unterstützt. Ich glaube, dass das ein besonderes Glück war.

Aber auch die Geschichte mit meiner Praktikantin, glaube ich, war ein Glück und deren Verdienst. Durch sie habe ich den Mut gefunden, meine Gedanken zu öffnen und mitzuteilen. Die Geschichte mit ihr war schön und schmerzlich. Vielleicht liest sie dies und freut sich, wen ich sage, dass ich jetzt glücklich bin.

Denn ich hätte wirklich nicht gedacht, dieses Glück zu bekommen und es verdient zu haben. War ich doch immer ein Schüler, der schüchtern war und nicht viel sprach. Wenig über seine Meinung oder seine wahren Gefühle. Ich wollte niemandem zeigen, wie ich denke und fühle. Und ich wollte glücklich sein, bevor mein letzter Wunsch sich mir erfüllte. Dieses Glück gehört mir. Danke, auch, dass es nicht dazu gekommen ist.

Hier möchte ich noch jemandem Danke sagen. Ich kenne ihn jetzt erst ein Jahr, doch er ist für mich immer da. Das ist vielleicht die Voraussetzung eines Betreuers vom ambulanten Wohnen. Doch irgendwie spüre ich, wie glücklich ich bin, dass er da ist. Wir reden, unternehmen kleine Spaziergänge und machen den Haushalt. Ganz spontan und ehrlich zueinander. Meine Ironie ist ihm jedoch manchmal neu.

Meine Psychologin, der ich meine Gedanken und Erlebnisse mitteilte, möchte ich auch danken. Ich wusste, sie wurde dafür bezahlt, doch trotzdem machte sie es gut. Sie sprach mit ihren Patienten nett und gefühlvoll. Manchmal fuhr ich gerne zu ihr, um über meine Probleme zu reden. Dass sie mich verstand und zuhörte, dafür sage ich Danke.

Ein erst spätes Danke gehört auch meiner Familie, besonders meiner Mutter.

Eines Tages, als ich noch nicht daran dachte, ein Buch zu schreiben, habe ich meiner behinderten Schwester von meinen Gedanken erzählt. Manchmal spielte ich ihr auch ein Lied vor, das gerade zu mir oder ihr passte. Dabei wollte ich, dass sie mich versteht oder mit mir fühlt. Sie hat mir viel zugehört. Danke!

Meine andere Schwester hatte sich etwas für die Psychologie interessiert, so auch für meine Texte, danke dafür! Sie ist schon etwas Besonderes, auch wenn sie nicht immer recht hatte. Oft hat sie sich mit meiner Mutter gestritten oder sie haben sich angeschrien. Meine Nerven verlor ich und weinte darüber. Gut fand ich trotzdem, dass sie immer ihre eigene Meinung hatte.

Ich bedanke mich bei meinem Stiefvater. Auch wenn er sich öfter an die Meinung meiner Mutter hängte, war er dennoch für mich da. Früher hat er mich immer mitgenommen, sein Zelt aufzubauen, denn er hat es vermietet.

Ich hatte mir immer einen richtigen Vater gewünscht. Doch ich hatte kaum einen Einfluss darauf. Als ich noch jünger war, hat er viel für mich und meine Schwestern gemacht. Doch seit acht Jahren steht die Vater-Sohn-Beziehung nicht ganz grade. Von meinem Vater aber habe ich die Kreativität.

Ich bedanke mich bei meiner Mutter, der ich erst später vertraut habe. Eine große Rolle spielte vielleicht mein Buch, dass sie mich dabei verstand und zuhörte.

Danke!

Mir wird vieles klar und eines, das weiß ich,
wenn ich so alt bin wie dreißig.

Wenn mich jemand fragt, wie es mir jetzt geht
oder was ich so mache,
was aus mir geworden ist,
dann werde ich vielleicht lachen.

Ich sage ihm, dass ich ein Buch geschrieben hätte,
von meinem Schicksal,
dann sagt er, erzähl doch mal.

Ich erzähle ihm von meinen Geschichten,
von Plänen und Gedichten.

Ich würde jedem Mensch mein Buch in die Hand
geben und daran denken,
ich würde es sogar an Menschen verschenken.

Mitleid zu bekommen, ist es nicht anzunehmen.

Worte zum Schluss

Meine tiefsten Gedanken, Erlebnisse und Sorgen auf Papier zu schreiben, hatte mir keine ernsthaften Probleme gemacht. Doch schwer war, wie und was ich schreiben wollte. Davon hatte ich keine Ahnung. Jetzt ist es sehr privat geworden. Es ließ sich leicht erzählen, denn ich wollte, dass man mich versteht.

Führerschein, Ausbildung- und vielleicht selber ein Buch schreiben. Das sind die Sachen, die man als behinderter Mensch nicht schaffen würde. So dachte ich früher einmal, vielleicht war es so. Ich hatte alles an mir so gesehen. Ich habe keinen Führerschein und keine Ausbildung. An beides hatte ich schon mal gedacht, aber konnte es nicht. Ein Buch schreiben? Manche normale junge Autoren scheitern schon am Verlag. Und dann noch, wenn man behindert ist, hat man schlechte Karten. Doch ich hatte alles vor mir gesehen, aber nicht zu den anderen geschaut.

Manche Menschen mit einem Handicap machen und schaffen eine Ausbildung oder einen Führerschein. Ein Mensch mit Behinderung hat dieses Buch geschrieben.

Ich schaue zurück auf meinen bisherigen Lebensweg. Das Buch ist nun zu Ende.

Ein leerer Blick erfasst neue Erwartungen, Wünsche und Hoffnungen.

Meine Leser sind mir nicht egal. Das muss man sich vielleicht von vielen Autoren oder Prominenten anhören. Für mich ist es etwas Besonderes, ich meine es ernst. Ich möchte, dass meine Leser die Chance haben, mir schreiben zu können. Fragen über die Geschichten oder über mich, Anregungen oder Kommentare.
Doch seien Sie nett! Das Leben hat mir oft mir genug das Gegenteil gezeigt.

autor.markus@web.de

Tschüss

Epilog

Markus' Mutter

In der Schwangerschaft bekam ich im achten Monat vorzeitige Wehen, unter denen Markus Herztöne aussetzten. Daraufhin bekam er eine Lungenaufbauspritze. Die Beschwerden ließen nach, jedoch hatte ich ein wenig Stress durch den Umzug in ein Eigenheim. Ich fühlte mich nicht ganz wohl.

Die Geburt verlief schließlich zwar normal, aber die Hebamme bemerkte, Markus wirke etwas unreif.

Nach drei Wochen wurde Markus an einem eingeklemmten Leistenbruch operiert, lag mehrere Tage auf der Intensivstation und zeitweise war sein Zustand bedenklich. Wieder zuhause erkrankte er einige Wochen später an einer hartnäckigen Lungenentzündung. Er bekam drei Mal ein Antibiotikum verordnet. Als die Entzündung abgeklungen war, klappte es mit der Ernährung weniger gut. Oftmals erbrach er das Essen. Hinzu kam, dass er sich nicht altersgemäß entwickelte und Anzeichen einer Neurodermitis sichtbar wurden. Nach einer Impfung im zweiten Lebensjahr brach die Neurodermitis innerhalb einer Woche am ganzen Körper aus. Es dauerte zwei Jahre mit viel Kratzen und vielen Tränen, bis uns endlich Ärzte in einer Kinderklinik in Bochum helfen konnten. Zwei Jahre lang ernährte sich Markus nach einem strengen Diätplan, der aus keinen zehn Lebensmitteln bestand. Sein Hautzustand besserte sich, aber es kam zu einem Etagenwechsel. Asthma und Heuschnupfen quälten ihn nun, die aber erheblich leichter zu behandeln waren. Noch heute muss er Medikamente gegen diese Erkrankung nehmen, kommt aber gut damit zurecht.

Aufgrund seiner Defizite in der Entwicklung bekam er Frühförderung und im Laufe der folgenden Jahre in einem integrativen Kindergarten und in verschiedenen Förderschulen weitere Fördermaßnahmen. Große Probleme zeigten sich im sozialen, sprachlichen und motorischen Bereich. Auch im geistigen Bereich stieß er im Laufe der Jahre an seine Grenzen.

Der Kontakt zu seinem Vater war nur dürftig. Dem Vater gelang es kaum auf die Bedürfnisse seines Sohnes einzugehen und ihn in seiner Entwicklung zu unterstützen. Markus teilte mir oft nach einem Besuch mit: „Papa hat mich nicht verstanden."

Mein Verhältnis zu Markus war immer mit großen Sorgen und vielen Traurigkeiten verbunden, da seine Entwicklung in einigen Bereichen nur schleppend voran ging. Er sah selber kaum eine Lösung für seine Probleme, konnte aber auch nur schwer Vorschläge von meiner Seite annehmen.

Mir fiel schon früh seine Kreativität auf. Einmal kam er mit einer wunderschönen Kreation aus Müllgegenständen vom Kindergarten wieder. Er malte beeindruckende Bilder, insbesondere Comics.

Ich trennte mich von seinem Vater, als Markus vier Jahre alt war. Mein späterer Lebensgefährte bemühte sich sehr um die Kinder, aber Markus fand keinen engeren Kontakt zu ihm.

Noch heute erfüllt mich das Leben mit meinen Kindern manchmal mit Trauer. Gerne hätte ich gesunde Kinder gehabt und meinen Kindern einen angemessenen Vater gewünscht.

Als schwierig empfand ich als Mutter, mit den Therapeuten zusammen zu arbeiten und Gespräche zu führen; immer wieder zu erfahren, dass die Kinder nicht altersgemäß sind; am Gesellschaftsleben nicht wie andere Familien teilnehmen zu können; mitzuerleben, dass die Versuche, sie in Gruppen zu integrieren, missglückten.

Trotz dieser Trauer empfinde ich eine große Liebe und Fürsorge für sie.

Es gab viel Unterstützung unterschiedlichster Art in meiner großen Familie, allen voran meine Eltern. Die Profis versuchten immer Markus aus der Reserve zu locken, nahmen sich Zeit, mit ihm zu reden und nahmen ihn sehr ernst. Über dieses Netz an Hilfe bin ich glücklich und dankbar.

Ich habe die Hoffnung, dass durch die Inklusion das Miteinander von Menschen mit und ohne Handicap erleichtert wird, dass es eine Ebene gibt, leichter miteinander zu kommunizieren, zu verstehen und zu vertrauen.

Zurzeit befindet sich mein Sohn am Anfang seiner beruflichen Tätigkeit. Wird es ihm gelingen?

Silvia Engfer

Die Verlagsinhaberin

Dieses Buch mit Markus fertig zu stellen ,war eine große Überraschung. Zuerst hielt ich einige unformatierte Blätter mit verschiedenen Themenblöcken in der Hand. Der Inhalt hat mich sehr bewegt, weil sich mir eine neue Gedankenwelt öffnete. Kannte ich Markus bis dato nur als ein schon früh gebeuteltes Kind, von dem ich sonst kaum etwas mit bekam. Er war immer lächelnd freundlich, aber still.

Im diesem Jahr unserer Zusammenarbeit wurden E-mails unser wichtigstes Kommunikationsmittel. Nach und nach erschloss sich mir seine Welt. Aber noch viel mehr seine ungeahnten Fähigkeiten.

Sämtliche Überschriften, die Reihenfolge der Kapitel, die Gedichte, Illustrationen und Fotos stammen von ihm. Es waren seine eigenen Ideen. Meine Aufgabe bestand lediglich darin, viele lästige Fragen zu stellen, wenn ich etwas nicht genau verstand. Dazu haben wir zusammen in den Texten Wörter ergänzt.

Zuerst begegnete mir ein ziemlich düsteres Bild aus Markus Innenwelt. Um so schöner war es zu erleben, wie von Mal zu Mal ein immer fröhlicherer junger Mann zum Vorschein kam.

Umgehauen hat mich fast, als ich in diesem Sommer eine Postkarte aus Berlin erhielt. Die Reise dorthin hatte Markus alleine geplant und umgesetzt. Ich kenne einige Menschen in meinem Bekanntenkreis, die sich niemals ganz alleine für mehrere Tage ungeplant in eine fremde Großstadt begeben würden. Eine vertraute Person muss mindestens mit. Hut ab, konnte ich nur staunend sagen. Diese Fähigkeit und den Mut dazu hat Markus selbst in seinem Buch gar nicht erwähnt. Auch nicht, welch guten Orientierungssinn er hat. Wege braucht man ihm nicht zweimal zeigen.

Ich habe von Markus gelernt.

Schätze jede Fähigkeit, die in dir steckt. Auch wenn andere sie erst mal nicht sehen. Und suche die Fähigkeiten bei den Anderen. Alle haben viel mehr, als du dir denken kannst.

Ursula d'Almeida-Deupmann (und seine Tante)

Begleitwort

Das Buch von Markus Engfer rüttelt auf und enttäuscht – im vollen Sinne dieses Wortes: es nimmt die Täuschung fort, dass Menschen mit Beeinträchtigungen, wie alle anderen Menschen auch, zur Gesellschaft gehören, in dieser integriert sind.

An dieser Darstellung der Lebensgeschichte wird deutlich, dass Menschen, welche von der Gesellschaft, oder doch zumindest von großen Teilen von ihr, als anders, als abweichend gekennzeichnet werden, von dieser Gesellschaft ausgeschlossen werden. Dieses Ausgeschlossensein beginnt schon bei der Wahrnehmung scheinbar kleiner und kleinster Erlebnisse und Probleme (so in den Kapiteln „Wohin mit der Liebe", „Meine Praktikantin", „Ein schlechter Mensch") bis hin zu Traumatisierungen, wie dem Unfall oder dem sexuellen Missbrauch, welche der Autor erleidet.

Die sehr präzise Darstellung der Innenansicht des Schriftstellers Markus Engfer nimmt den Leser und die Leserin mit auf eine sehr persönliche Reise durch die ersten zwanzig Lebensjahre dieses Mannes. Die deutlichen Beschreibungen und Betrachtungen seiner Erlebnisse und Beziehungen stellen dem Leser hierbei einen Menschen vor Augen, welcher sich in nahezu jeder Phase seines Lebens seiner Lage bewusst ist. Einer Lage, in welcher er mehr und mehr zu einem Menschen mit Behinderungen und Beeinträchtigungen wird – weil das Schul- und Bildungssystem seine Sicht der Dinge, seine Trauer und Wünsche, aber – und das vor allem – seine Ressourcen nicht wahrzunehmen scheint. Aus der Sicht dieser organisierten Bildung ist und bleibt er ein Behinderter – es kommt im Verlauf seines (jugendlichen) Lebens scheinbar nur darauf an, für ihn einen besonderen Ort der besonderen, und folglich aussondernden, Beschulung und Bildung zu finden.

Je älter er hierbei wird, umso deutlicher stellt das System fest: dieser Junge, dieser Mann ist behindert, und für ihn können nur die behindertenhilferelevanten Systeme und Organisationen in Frage kommen.

Niemand, aber auch wirklich niemand, auch nicht die Praktikantin, welcher er sich zugeneigt fühlt, nimmt seine Anliegen und Notwendigkeiten wirklich wahr: alle reagieren hierbei (und somit ist ihnen, oberflächlich betrachtet, kein Vorwurf zu machen), zumindest scheinbar, sehr professionell, aus ihren jeweiligen Rollen heraus. Ihnen kann folglich auch keine Schuld für die Trauer des jungen Mannes angelastet werden. Das gut Gemeinte ist hierbei, und zwar über die bisherige gesamte Lebensspanne von Markus Engfer, das Gegenteil des eigentlich Guten. Mehr noch: die Machtstrukturen dieser Organisationen, auch hier erneut nicht von diesen erkannt, pressen den Erzähler in ein strukturiertes und strukturierendes Korsett, welches ihn scheinbar stützen möchte, ihm aber die Luft zum Atmen, den Raum zur Bewegung und Entwicklung nimmt.

„Das Interesse eines Menschen" (wie ein Kapitel dieses Buches betitelt ist) ist das Interesse des Menschen auf der Suche nach sich selbst und seinen Möglichkeiten. Es ist aber im Falle der Geschichte von Markus Engfer auch das Interesse, welches systematisch (und hierbei m.E. unbewusst, was diese Aussage aber eher noch problematischer erscheinen lässt) von wichtigen Teilen der Gesellschaft ignoriert wird. Diese Gesellschaft wird hierbei repräsentiert von relevanten Bezugspersonen des Erzählers. Nein, auch dieser Begriff ist schon pädagogisch verklausuliert: es sind nicht im eigentlichen Sinne „Bezugs"-personen, es sind eigentlich Personen, welche sich nicht beziehen, welche sich aus einer beruflichen und fachlichen Notwendigkeit mit dem Autor beschäftigen – eine wirkliche, eine dialogische Nähe wird für ihn nicht erlebbar. – Und gerade eine solche wäre doch so wichtig gewesen, um die Situationen, welche dieses Leben prägen, zu verstehen, mehr noch: den Menschen in diesen Situationen eben nicht aus der Perspektive seiner Beeinträchtigung, sondern aus dem Blickwinkel seiner Möglichkeiten zu betrachten.

Welche Konsequenzen hat eine solchermaßen missverstandene Person? Welche Alternativen stellen sich ihm dar, um nicht verrückt zu werden (denn: behindert ist er ja schon, da macht eine kleine Depression oder Psychose doch auch nichts mehr, oder?)?

Markus Engfer stellt dieses Gespaltensein, dieses Gespaltenwerden sehr plastisch und sehr drastisch dar: sein Leben vollzog (und vollzieht?) sich im scheinbar Unvereinbaren. Diese Erfahrnes wird schon im Titel des Buches („Der Schatten meines Lebens“: Ist dieses ein Leben im Schatten? Ist es ein Leben, welches nur als Schatten ge- und erlebt wird? Oder ist es vielleicht ein Leben, welches einen Schatten zu werfen in der Lage ist?), sowie an der ersten Kapitelüberschrift deutlich: „Traurig zum Erfolg“. Diese Ambivalenz zieht sich wie ein roter Faden durch dieses Buch: die Innenwelt des Autors – das Nichtwahrnehmen derselben durch die Gesellschaft; die Fähigkeiten des Erzählers – das Erstaunen darüber, dass auch „Behinderte“ ihre Geschichte erzählen und aufschreiben können; die Trauer des Menschen – die Kategorisierungen der Gefühle durch die professionell Tätigen…es ließen sich noch viele weitere Beispiele hierzu aufzeigen.

Diese Biographie von Markus Engfer steht somit quer zu den aktuellen euphorischen Verlautbarungen von Inklusion und Teilhabe (so wichtig und notwendig diese auch sind, um hier nicht missverstanden zu werden), sie stellt sich quer in den Raum einer unreflektierten Euphorie, dass die Gesellschaft schon alle Mitglieder als gleichrangig und folglich teilhabend betrachtet. In den treffenden und betroffen machenden Schilderungen des Autors wird mehr als deutlich, dass die aktuelle Gesellschaft, vertreten auch durch ihre pädagogischen Protagonisten, häufig weder bereit noch willens ist, die Situation eines Menschen, welcher eine besondere Begleitung benötigt, aus der Perspektive eben dieses Menschen wahrzunehmen. Kriterien und Mechanismen des Ausschlusses vollziehen sich hierbei sehr häufig nahezu unmerklich, unter der Oberfläche einer wohlgemeinten und wohlmeinenden Ent-Mündigung.

Markus Engfer hat sich mit dem Verfassen seiner Lebensgeschichte von dieser Verstummung befreien können. Er hat das Wort ergriffen und ergreift hierdurch Partei für alle diejenigen, welche immer noch durch diese paternalistischen Strukturen mundtot gemacht werden. Dieses ist das erste Buch von Markus Engfer, es beschreibt seine ersten zwanzig Lebensjahre – und insofern bleibt zu wünschen, dass diesem Buch weitere Veröffentlichungen des Autors folgen mögen, Veröffentlichungen, die dann – dieses bleibt zu hoffen – die bitter notwendenden Veränderungen in der Wahrnehmung und Begleitung von Menschen mit Beeinträchtigungen beschrieben werden.

Münster, im Oktober 2012

Prof. Dr. Heinrich Greving

im **pa/culla** verlag auch erschienen:

1 Hof 7 Kinder

**...und erzogen wurde
man nebenher...**
Episoden aus der Kindheit auf einem
Bauernhof in den 60er und 70er
Jahren erzählt Paula Frohn. Kleine
Besonderheiten, Spiele von damals, das
Leben zwischen Tradition und
Modernität und die alltäglichen Abläufe
bilden ein buntes Lebensmosaik.
Köln 2010
ISBN 978-3-98-138150-4
8,90 €

Neue Wege in der Familienpflege

**Jugendamtseinsätze in der
Familienpflege**
Das Arbeitsfeld hat sich in den letzten
Jahren sehr verändert, die
Schwierigkeiten in den Familien sind
mehr geworden.
Was kann ich tun? Was muss ich
beachten? Antworten gibt dieses
Buch. Mit einem etwas anderen Blick
auf die tägliche Arbeit.
Köln 2011
ISBN 978-3-89-138151-1
10,80 €